Symbolisme : utilise les symbo[...]
le mon[...]

-> De mystique : croit à ce que l'on appelle « secret », à une puissance au-dessus du monde réaliste

-> Pas rationel

-> Le poète se voit capaple de déchiffrer les symboles, c-à-d « voyant »

-> Les symboles sont le lien entre la réalité visible et invisible de l'univers.

-> Le poète crée ces symboles et un monde idéal et mystique

BUT : VIVRE LE POÈME

COLLECTION POÉSIE

STÉPHANE MALLARMÉ

Vers de circonstance

avec des inédits

Préface d'Yves Bonnefoy
Édition établie
et annotée
par Bertrand Marchal

GALLIMARD

La présente édition
est destinée à paraître
dans la Bibliothèque de la Pléiade.

Nous remercions les Éditions Flammarion de leur gracieuse
autorisation pour reproduire certains poèmes publiés en 1983
dans l'édition des *Poésies* établie par Carl Paul Barbier
et Charles Gordon Millan.

L'Or du futile

I

*Grâce à Bertrand Marchal nous disposons maintenant de l'édition des poèmes « de circonstances » de Mallarmé la plus complète qui soit possible ; et le moment est donc venu de reconsidérer la signification et peut-être surtout de réapprécier la valeur de ces quatrains ou distiques d'apparence si peu sérieuse, auxquels pourtant l'auteur d'*Hérodiade*, du* Faune*, du* Toast funèbre*, consacra beaucoup de son énergie vers la fin de son existence. Rien ne serait plus absurde, je me hâterai de le dire, que de placer ces menus poèmes au même plan de la qualité poétique que ces autres, les grands, qui comptent parmi les plus ambitieux que l'on ait jamais écrits, si ce n'est parmi les plus admirables. Mais rien, en revanche, ne serait plus erroné que de se disposer, une fois encore, à n'y reconnaître qu'un divertissement sans guère de conséquences, en rupture, pour le repos d'un esprit lassé, avec un plus haut projet, d'essence métaphysique.*

Penser de cette façon, ce serait d'abord décider que Mallarmé pouvait s'écarter, ne fût-ce qu'un bref instant, de sa préoccupation majeure, alors que Divagations *et le* Coup de dés*, puis* Les Noces d'Hérodiade*, enseignent vers la fin de sa vie que ce souci demeura au cœur* de sa réflexion — et de son chagrin — jusqu'en ses dernières minutes. Mais ce serait aussi ne pas avoir relevé quelques indices, qui le montrent soucieux des deux sortes de création — les grands poèmes, et cette écriture « de circonstances » — bien avant, dans son existence, que la mineure ait commencé de foisonner dans les pierres du lit de l'autre, apparemment desséché. « Je donnerais les vêpres magnifiques du Rêve, et leur or vierge, pour un quatrain, destiné à une tombe ou à un bonbon, qui fût réussi », écrivait pourtant Mallarmé (à Coppée) en 1868, ce qui révèle qu'il pressentait dès le moment d'Igitur qu'entre l'écriture qui sait la mort, et autres « circonstances éternelles », et les petits vers qui se vouent aux menus plaisirs, en des heures d'aucune responsabilité spirituelle, il existerait un passage. Il est vrai qu'en 1868 Mallarmé n'avait pas encore perdu un fils, ce qui peut donner à penser qu'il ne parlait qu'insouciamment de la « tombe » ; mais la mort de Maria, sa sœur, quand déjà il avait quinze ans, n'en avait pas moins été un ébranlement dont Hérodiade souvent reprise, de 1864 à ses derniers mois, démontre autant la durée que la violence. Et il faut donc prendre très au sérieux cette apparente boutade, qui rapproche comme une foudre les deux pôles d'une existence ; et qui fait aussi allusion à une autre des grandes hantises mallarméennes, celle d'un travail d'écriture qui serait, comme il le dit, « réussi ». Pour une raison qui apparaîtra, réussir, pour Mallarmé, ce n'est pas simplement faire œuvre, écrire un poème, même superbe, comme on s'en contenta si souvent dans le passé littéraire, mais accomplir un acte qui, semblable à l'opération alchimique, transmuterait en or, en « or vierge », le plomb de l'écriture ordinaire. Il chercha ainsi, aux confins de l'impossible, dès ces nuits de Tournon où, jusqu'à l'aube, fiévreusement, il « creusait le *vers»* d'Hérodiade — *comme on creuse une tombe, disait-il —, et la phrase où ce mot paraît, «réussir», à côté de «tombe» et de «bonbon», n'en est que plus remarquable. A elle seule elle incite au réexamen des poèmes de circonstances.*

C'est cette appréciation que je vais donc tenter maintenant, mais il me faudra pour ce faire rappeler d'abord en ses grandes lignes la poétique mallarméenne de la façon qui me paraît vraie — et qui la montre, au premier regard en tout cas, bien éloignée des visées des petits poèmes tardifs : puisque ce fut son grand, voire son unique projet que d'établir un rapport de l'être parlant au monde que l'on puisse tenir pour de l'absolu. Mallarmé, ses pages les plus anciennes le montrent, aurait été heureux dans l'espace de la pensée médiévale, pour laquelle la terre, le ciel, la vie n'étaient de fond en comble qu'une vaste structure symbolique voulue par Dieu encore qu'accessible, pour une part, à l'esprit humain : ce qui permettait à la personne d'avoir, par la voie d'une connaissance des choses de par l'intérieur de leur être, ce contact avec l'absolu que Mallarmé désirait. Le hasard même, ce nœud de causes, de conséquences qu'il s'angoissait de ne pouvoir dénouer — il y vit l'évidence même du néant de sa condition — n'était alors que de l'apparence, pour une pensée ontologiquement optimiste : une suite d'épreuves mais dont le Juste triompherait, y frayant la voie de son salut.

Oui, mais lui, le poète des temps nouveaux, le contemporain de Darwin, vivait maintenant, avec quel regret ! quand la «terrible lumière qui vient des sciences» lui révélait que cet enracinement archaïque n'était que de l'illusoire. Et, qui plus est, cet enseignement dévastateur, ce n'était pas seulement celui des sciences de la nature, que l'on peut estimer n'être qu'une étude de phénomènes, insoucieuse des lois d'une réalité plus secrète, mais un aspect, guère réfutable, des travaux récents sur le langage. C'est en 1867 que Mallarmé parle de la « terrible lumière » ; c'est en 1867 aussi qu'a paru la version française d'un ouvrage de Cox qu'il avait fort bien pu, à tout le moins, feuilleter dès 1862 à Londres ; et ne serait-ce que dans ce livre il a dû se résigner à comprendre que les langues humaines n'existent qu'en des familles distinctes, alors qu'auparavant on ne doutait pas qu'elles fussent le développement d'un seul idiome de l'origine, voulu et donné par Dieu. « Les langues imparfaites en cela que plusieurs », manque donc la structure syntaxique ou lexicale qui aurait pu être la preuve d'une imprégnation de l'esprit par l'essence de l'Univers. De quoi se sentir en exil là même, dans la parole, où un jeune poète espère le plus naturellement qu'il peut accéder à l'Être ; et éprouver de l'hostilité pour cet univers qui ne se laisse pas pénétrer. Le jeune Mallarmé rêva de s'en dissocier autant que possible ; de se garder, surtout, des pulsions qui lui en viennent par l'intermédiaire du corps, ce faix d'énigme qui pèse désormais sur l'esprit ; et, par exemple, on le voit tout ambivalence à l'égard des présences féminines qui ne l'attirent que trop. Le « flamboiement » du soleil, vestige dans le monde de l'évidence de Dieu et de ses réseaux de symboles, « me fait haïr la vie et notre amour fiévreux », écrivait-il en 1862 (à vingt ans) dans la première version de Tristesse d'été. *Ne désirant rien de plus que « jouir du néant où l'on ne pense pas », il dit qu'il n'attend d'une femme que de pouvoir noyer dans sa chevelure l'aspiration au divin qui, hélas, l'obsède encore : il se voue à l'apparence, en somme — à l'apparence qui a beauté, ce qui n'est qu'une énigme de plus dans sa condition malheureuse —, pour imaginer, comme le faisait Baudelaire, « prince du Rêve », ce que l'existence ne donne pas. Et trois ans plus tard, marié cependant et père, Mallarmé ne pense pas autrement encore lorsque, dans* Don du poème, *il oppose à l'enfant selon la chair les quelques vers où il n'a fait qu'ébaucher pourtant, et de façon qu'il sait imparfaite, la figure supraterrestre d'Hérodiade.*

II

Il reste que ce regret d'une vie fondée en être, et qui nourrit alors une humeur volontiers chagrine, n'est que la préhistoire d'une pensée et d'une œuvre, nées en 1866 et 1867 d'une suite de réflexions et de décisions parmi les plus radicales que la fin du siècle ait connues. En quelques mots, car je ne puis reprendre en détail ce retracement[1] *: Mallarmé consent tout d'abord, consent désormais jusqu'au bout de ses conséquences, à la conclusion que les « sciences » lui suggèrent, à savoir qu'est vouée à l'échec la pensée qui y chercherait non simplement quelques lois de la matière, mais la raison d'être des choses, des vies, et ce qu'est leur fin, et ce qui donnerait un sens à la condition humaine. En tout ce que l'humanité a imaginé, afin de comprendre, d'espérer, il n'y a rien que chimères, mythes sans substance, « glorieux mensonges ». Et ce que nous, lecteurs de Mallarmé, nous devons comprendre, c'est que ce constat du néant de nos représentations ne fut pas pour lui une idée comme les philosophes en forment, avec des concepts dont l'abstraction même laisse introublée leur existence*

1. Cf. « La clef de la dernière cassette », in Mallarmé, *Poésies*, coll. *Poésie*/Gallimard, Paris, 1992, pp. VII-XXXVI.

de chaque jour. L'auteur de Tristesse d'été *était déjà un vrai et un grand poète, habitué à vivre les mots jusqu'aux ramifications les plus ténues de leur enracinement dans les faits et aspects du monde, et cette découverte de l'impénétrabilité du réel — de l'illusoire de ces réseaux qui gardaient dirigée vers celui-ci la conscience — s'étendit donc, soudaine comme elle était, à tous les points d'un immense espace dans sa parole, y dévastant des milliers d'habitudes, de croyances, d'humbles bonheurs, y portant le vide, obligeant au vertige devant ce gouffre qui s'entrouvrait sous tous les pas de l'esprit. Mallarmé fut pris à la gorge, dans son corps autant que dans sa pensée. C'est dans sa chair aussi qu'il éprouva l'évidence du non-savoir, qu'il la ressentit « effrayante ». N'en doutons pas : l'expérience qui se reflète dans* Igitur *n'a pas été cartésienne, bien plutôt rappellerait-elle, par l'ampleur, le satori du bouddhisme ; par l'angoisse, le saisissement de Pascal. Et d'ailleurs, puisqu'il n'y a plus de pensée, au plan où cela vaudrait, aucun* « cogito » *n'est possible, au terme de ces heures de découverte, pour fonder de façon nouvelle un « sum », un « Je suis encore ».*

Aucun « cogito »*, et même du point de vue de l'action la plus ordinaire, aucune vérité désormais : les objets que cette action utilise n'étant que ceux qu'avait découpés à la surface de l'être la pensée qui s'est effondrée. S'il y a encore des choses que l'on puisse tenir pour « objectives », c'est-à-dire dotées dans l'épaisseur du réel d'un référent discernable, indépendant du langage — la rose et le lys, par exemple — ces choses ne seront, de ce fait même, qu'autant d'affleurements, fugitifs, du mutisme profond du monde, elles ne pourront aider ni à la pensée, ni à agir. Et aussi bien peut-on tenir pour probable que dans cette obligation où il s'est vu de ne parler, désormais, que* *pour ne rien dire, et de n'agir qu'en aveugle, Mallarmé a envisagé, avec son « personnage », Igitur, de « se coucher au tombeau », sur la cendre aussi bien des « astres », ces rêveries de l'esprit, que des « ancêtres », eux qui croyaient qu'il y a de la vérité. — Une nouvelle intuition, toutefois, lui est venue alors, lui assurant, dans ces mois dangereux, un deuxième souffle.*

Il s'est aperçu qu'à l'instant où se déchire ce discours de la signification qui emprunte en vain aux aspects du monde, la rose et le lys, aussi muets soient-ils dans ce désastre de la parole, ne disparaissent pas, en tout cas ne s'effacent pas du regard de celui qui les appellerait par leur nom : au contraire, d'être dégagés de l'idée que l'on se faisait de l'un ou de l'autre, ils se découvrent à ce regard — ou aux autres sens — avec maintenant tous leurs aspects à la fois, ce qui resynthétise leur infini, dispersé jusqu'alors au hasard de ce que les mots en disaient, et les fait briller d'un éclat qui pénètre leur nom, quand on le prononce seul, et confère à ce nom, ainsi dégagé du discours, la qualité du mystère. Qu'on parle, qu'ainsi l'on emploie des concepts, et la description la plus attentive de la rose en sera vouée à n'en donner qu'une image, pauvre, illusoire. Qu'on reconnaisse, au contraire, qu'on ne sait rien, qu'on ne peut rien dire, et la perception permet à l'esprit de rencontrer enfin la chose en sa présence vierge de sens, ce que l'on peut dire sa « notion pure ». Or, cet avènement, c'est bien de l'absolu, à nouveau ; un absolu qui pour n'avoir paru qu'au terme d'une critique de la parole, portée jusqu'à ses dernières limites, n'en est pas moins une expérience de la personne parlante : de ce Mallarmé, par exemple, qui désespérait de ses mots, mais qui aperçoit maintenant, au fond de la nuit du discours, une lumière.

Et qui peut même penser qu'au delà de l'acte pur de nommer la chose — de dire : « une fleur » — un nouvel emploi du langage sera possible. Car, c'est vrai, pour atteindre à ce point extrême où se lève la notion pure, il faut avoir renoncé à toutes les assertions, toutes les formulations, ce qui tarit toute possibilité de discours. Mais voir *la rose, comme on le peut maintenant, accéder à son infini, à sa pleine vue, au delà des visions de la pensée toujours chimérique, c'est percevoir aussi le lys, auprès d'elle, ou, pour dire mieux, c'est appréhender des rapports, entre le lys et la rose, — et en cet instant de vacance de l'intellect un acte nouveau est possible, et une parole avec lui peut-être. Ces rapports, ce ne sont plus ceux que la pensée conceptuelle aurait voulu établir entre deux fleurs rencontrées mais aussi bien construites par elle, qui en fait des objets doués de qualités, d'attributs. Rechercherait-on encore cette appréhension de l'essence, se leurrerait-on ainsi, à nouveau, à l'idée d'une vérité, et une fois de plus l'immédiat, l'infini de la présence sensible se déroberaient au regard. Mais il existe d'autres relations entre les choses, ou plutôt, disons désormais, entre ces simples aspects que l'on en perçoit : les rapports, par exemple, que sait observer la personne qui place des fleurs dans un vase, ou s'enchante de l'accord de couleurs, de formes, qu'il y a parfois entre un boqueteau et une prairie, ou des roseaux et la lune* — rapports de beauté *cette fois, qui peuvent s'étendre à bien plus que deux ou trois choses voisines, mais à tout l'environnement que nous consent la nature (un mot que Mallarmé n'abandonne pas, malgré son caractère tout de même métaphysique). Et de ces rapports de beauté il n'y a — surtout, ne l'oublions pas ! — rien à dire, il n'y a rien à leur faire dire. Mais ne peut-on tout de même, avec des mots, en évoquer d'une façon ou d'une autre l'évidence silencieuse ?*

Voilà ce qu'en est venu à espérer Mallarmé, passé l'accablement de la découverte première — après avoir trouvé le Néant, j'ai trouvé le Beau, écrit-il —, et il a pu s'attacher, ce fut sa vie, à cette espérance, parce que c'est un fait que les mots ne sont pas seulement des concepts, mais aussi des sons, c'est-à-dire en puissance des couleurs, et qu'en les composant dans des phrases au moyen de ces seules données elles aussi sensorielles on sera en mesure, déjouant la pensée, de peindre, en somme, ou d'imiter par musique, ce rapport de tons et de rythmes qui aura été pour le regard, un instant, un peu de la beauté inhérente à la réalité naturelle. Là où le concept échouerait à préserver celle-ci, le mot, riche de sa matérialité retrouvée, peut y prétendre, et c'est d'ailleurs même ce grand pouvoir, a bien dû penser Mallarmé, qui avait été le moyen secret de la poésie, à toute époque, en dépit de sa durable adhésion naïve à des idées, à de la pensée. N'avait-elle pas eu recours aux mètres, aux rythmes, aux rimes, lesquels révèlent et utilisent la matérialité des vocables ? La poésie gardait mémoire de l'absolu, et malgré ses « glorieux mensonges », il convient donc de s'en réclamer aujourd'hui encore. Mallarmé a décidé, en 1867, après « une année effrayante », d'avoir à nouveau confiance. Il suffira que le poète, qui est une part de la nature et peut donc voir *celle-ci, sache se dégager des «* visions *» de la pensée — de ce « rêve » qui est « l'ennemi de sa charge ».*

Et ce que la poésie pourra alors offrir à l'œil à nouveau « profond » du lecteur, c'est — en somme, « levant un coin du voile » — un peu de l'apparaître du monde, comme il se présente aux moments où le langage se tait en nous ; après quoi, étendant d'un fragment de parole à d'autres, d'un poème à un autre, d'une œuvre de poète à l'œuvre d'un autre, le champ de ce regard vierge, la poésie déploiera dans l'espace de la conscience la totalité de ce lieu non de choses mais de perceptions absolues que la nature avait été pour Adam et Ève, avant que le souci du savoir ne les en chasse. La poésie « expliquera » l'univers, au sens étymologique de ce verbe, qui est de déplier, de dégager « pli selon pli », la figure du monde de ses voiles conceptuels.

A condition, toutefois, et évidemment, que ce renoncement à la pensée ne soit pas qu'un vœu, mais un fait, au moins en ce lieu entre mots et monde : et en ce point apparaît la difficulté qui va empêcher Mallarmé, en possession de la clef, d'ouvrir la « cassette », et vouera sa vie à passer sans fin de l'accablement à l'espérance. Peut-on vraiment se dégager du concept — qui se détourne de l'aspect, de son infini, pour instituer de la chose; qui ne veut pas la beauté mais la prétendue vérité — puisque ce n'est pas seulement le besoin de savoir qui est conceptuel, mais le désir le plus ordinaire, lequel veut, précisément, quelque chose, et s'en emparer, et pour ce faire analyse les forces qui peuvent l'aider ou le repousser : ce qui oblige à voir la réalité par le dehors, à nouveau, c'est-à-dire à se retrouver dans le temps, avec ses frustrations et ses rêves ? On peut craindre que pour accéder à la beauté du lieu naturel, il faille, sinon cesser de désirer, du moins renoncer à réaliser le désir. Cette question, Mallarmé se l'est posée, et jusqu'au bout de ses conséquences. Dès sa Symphonie littéraire, *en 1864, il écrivait : « Qu'on s'en souvienne, je ne jouis pas, mais je vis dans la beauté » ; et quand il entreprend son grand poème,* Hérodiade *: « Heureusement, je suis parfaitement mort », s'écrie-t-il : ne plus rien tolérer en soi-même de ce qui pourrait vouloir prendre, et déferait* *ainsi le pur apparaître du monde, telle lui semble, à n'en pas douter, la condition nécessaire à l'écriture de poésie. Adam et Ève, au jardin d'Éden, semblablement ne demandaient rien, avant que le serpent ne les tente. Ils étaient, ils ne songeaient pas à avoir.*

Mais comment se délivrer du désir de prendre ? Remarquons que la sublimation ne le permet pas, qui ne fait que le transposer, et recommence donc à son plan nouveau les anticipations et calculs par quoi le concept et son illusoire foisonnent. Et qui ne sait que les sentiments les plus naturels, et même les plus altruistes, veulent eux aussi de la possession, et acquérir le savoir qui la permettrait ? Que Mallarmé n'eût-il pas donné pour sauver son fils Anatole, aux jours de sa maladie ! Et pour payer le prix de sa guérison, que n'eût-il essayé d'avoir ? Son désir même d'explication orphique du monde a un objet, qu'il veut faire sien : le poème, sa réussite. En vérité, l'être parlant est voué à vouloir de façon si élémentaire et constante, qu'à ne pas accepter ce fait, autant qu'il renonce à vivre. Et pour commencer, qu'il renonce à être poète, au sens que Mallarmé voudrait donner à ce mot.

Pourquoi ? Parce que percevoir des rapports de beauté entre les aspects de la nature, comme Mallarmé l'attend d'une conscience en somme désincarnée, ce n'est tout de même possible qu'à un être lui-même totalement naturel : et cela alors que le naturel, dans ce qui a vie, c'est précisément de s'emparer de ce que ce corps qu'est la vie désire, c'est, pour la sexualité, par exemple, de se faire acte. Sans doute — et ce fut l'amour — peut-on travailler sur cet acte, éduquer le désir, transformer, quelquefois, la possession en partage, la compenser par le don. Et c'est d'ailleurs de cette façon que la perception, dans l'histoire, a pu se faire beauté : car dans le don *accepté l'unité du monde se reforme, et emplit la chose aimée puis offerte de sa lumière : n'est belle, en somme, que la fleur qu'on a désir de donner. Malgré qu'en eut Mallarmé, c'est dans la chose, qu'elle soit ou non illusoire, et non dans des relations de pure apparence entre aspects, que de la beauté peut naître. Et qui ne veut pas prendre, qui ne voudrait que voir, eh bien, il ne verra plus. Au plus intense de son effort de perception des aspects il devra constater que ceux-ci se décolorent, s'éteignent, aurore qui décroît au lieu de croître comme dans l'« Ouverture ancienne » d'*Hérodiade *c'est presque dit.*

Est-il aventureux de conclure ainsi, — autrement dit d'associer l'échec, évident, de la poétique mallarméenne, à ce qu'a eu d'illusoire sa conception du désir, et de l'ascèse ? Je ne le pense pas, car Mallarmé lui-même a posé ainsi le problème, à un moment de son œuvre où son sentiment de cet illusoire, toujours à vif et depuis longtemps, se fit brusquement explicite, dans des circonstances nouvelles. Et je vais m'arrêter un instant aux quelques poèmes dont il s'agit, parce que aussi bien ils introduiront de façon directe aux « poèmes de circonstances », entrepris d'ailleurs juste après eux.

III

Ces poèmes, ce sont les sonnets « Quelle soie aux baumes de temps… » et « Le vierge, le vivace et le bel aujourd'hui… », qui parurent ensemble dans La Revue indépendante *de mars 1885, c'est aussi « Victorieusement fui le suicide… », qui ne fut publié qu'en 1887 : mais Mallarmé l'avait promis à Verlaine dans sa grande lettre de novembre 1885, ce qui prouve qu'il y travaillait peu après avoir terminé les deux autres, si ce n'est au même moment. Et c'est enfin la* Prose, *dite «pour des Esseintes», dont on ne sait pas quand Mallarmé l'a écrite — et cela put être longtemps avant — mais qu'il publia en janvier 1885 dans* La Revue indépendante *déjà, comme s'il en percevait la valeur actuelle pour ce moment de son œuvre, ou de sa vie. Quatre publications presque simultanément après un bien long silence, et même avec quelques autres encore, que j'aurai aussi à citer, c'est là pour un Mallarmé un événement tout à fait exceptionnel. A lui seul il demanderait qu'on se pose à frais nouveaux la question du rapport de ces poèmes aux intuitions et aux décisions de quelque vingt ans plus anciennes, — d'autant que des vers où il y a de la réflexion, comme c'est le cas de ceux-ci, ne peuvent être pour leur auteur «l'agitation solennelle» des mots qu'est à ses yeux la poésie véritable. Ces «bribes», comme il eût dit, sont d'évidence la cristallisation d'une pensée, et vraisemblablement une remise en question de la poétique antérieure.*

Et parmi eux, il y a donc le célèbre sonnet du Cygne, *dont l'importance a toujours été perçue, mais sans qu'on ait cherché à comprendre la contradiction qui s'y marque, alors qu'elle me semble un fait nouveau autant que majeur. Le poème avoue clairement l'échec d'une poétique, puisque du Cygne, qui est un symbole du poète, nous apprenons qu'il n'a pas su «chanter la région où vivre» — celle que le* Toast funèbre *avait dénommée le séjour — ni secouer «l'horreur du sol où son plumage est pris». Et de surcroît le tableau que peignent ces vers est sinistre. Hanté des poèmes que Mallarmé n'a pu écrire — ces «vols qui n'ont pas fui» — le lac est «dur», froid, où le poète est immobilisé par le gel et moins désormais un être vivant qu'un «fan-*

tôme » ; en proie aussi au « mépris » : ce qui donne à penser que l'auteur du Tombeau d'Edgar Poe, *où est évoqué le « vil sursaut » des blasphémateurs, a souffert bien plus qu'on ne pourrait croire, en la solitude de son projet, de l'étonnement dédaigneux des autres, — le « sol hostile ». Mais dans ce contexte désespéré est d'autant plus surprenante, et fût-elle simple question, l'exclamation quasi enivrée par quoi le poème s'ouvre, comme une fanfare brusque réorientant une symphonie. Quel est donc ce « bel aujourd'hui » que la succession de cinq ou six fois le son i emplit de lumière ? Quel est cet avenir dans lequel Mallarmé semble prêt à se risquer, alors que sa poétique n'a pour objet que de se délivrer du temps qui est la dimension même de l'aliénation, de l'exil ?*

Mais considérons maintenant l'autre sonnet de la même livraison de La Revue indépendante, *« Quelle soie... » : il va faire apparaître et la cause du désespoir et celle de l'espérance. La soie, c'est pour introduire à l'idée d'une chevelure, et autant qu'au grand poème de Baudelaire, à son apport de parfums, de sons, de couleurs, on pense donc à* Tristesse d'été, *le poème ancien mais jamais renié — Mallarmé le recueillera dans ses* Poésies, *bientôt — où une chevelure de femme était donnée pour un espace de sensations où se noyer par dégoût du monde. En fait la poétique à venir de Mallarmé était déjà dans le sonnet de 1862, il n'y manquait que de comprendre que là où l'existence se renonçait, là pouvait s'ouvrir « l'œil profond » qui des sensations referait de l'être ; et nous n'avons donc pas à douter que le poème nouveau, toujours adonné à la chevelure « native », soit de l'entreprise mallarméenne un des lieux les plus naturels autant qu'un des signifiants les mieux susceptibles d'en enregistrer les hauts et les bas. Or, dans les deux quatrains, d'évidence, une confiance se marque dans les pouvoirs de la perception. C'est ce que laisse entendre la comparaison de la chevelure à une autre « soie », celle des drapeaux sur les avenues, dont les « trous », signes des combats toujours vains, incitent d'autres êtres, là-bas, à une exaltation dont Mallarmé ne veut pas. Ces êtres, qui « n'ont pas lieu », a dit celui-ci dans sa lettre à Verlaine, contemporaine, cherchent dans des idéaux illusoires à se guérir de la blessure du temps ; peut-être même conjoignent-ils ces pensées à la célébration d'une œuvre qui n'est pas sans quelque valeur, la poésie éminemment historique de Hugo qui vient de mourir, et dont la nation a organisé les obsèques avec faste, et justement des drapeaux, — mais peu importe, ces « soies » ne sont pour Mallarmé, souffrant de la blessure du temps, que des « baumes », des palliatifs, alors que : « Moi, j'ai ta chevelure nue », s'écrie-t-il, disant que ses « yeux » sont « contents » de s'y enfouir. On peut comprendre : « nue » — dépouillée — des rubis et saphirs dont l'eût parée Baudelaire, mais aussi des visions et des rêves qu'eussent suscités ces joyaux. Nue parce que l'opération poétique n'a besoin que de la nature pour accéder à la vraie beauté. Et on peut donc reconnaître dans ces « yeux contents » de « Quelle soie… » le moment originel, le* percipio, *de la poésie trouvant, au moins cette fois, l'occasion qui permettra à la « vue » de se faire le* « sum » *d'une nouvelle conscience. Jamais Mallarmé n'a paru aussi assuré que dans ces huit vers du bien-fondé de sa poésie et même de sa possibilité effective.*

Mais juste après que cette conviction au moins apparente a trouvé avec ces derniers mots du second quatrain de quoi la dire si bien, voici que les tercets s'ouvrent sur un « non », suivi d'un point, presque d'exclamation, que l'on ne peut que tenir pour un très catégorique déni de l'affirmation qui vient d'être faite. Et cela d'autant plus que les premiers vers avaient été bien davantage l'évocation d'une expérience sensible que le mouvement d'une pensée, tandis que le « non » du neuvième vers introduit à une proposition qui mettra jusqu'à la fin du sonnet, et quelle qu'en soit la teneur, la perception à distance. C'est le moment d'ailleurs où se marque, entre quatrains et tercets, ce passage du pair à l'impair qui ne peut être vécu, sauf par les versificateurs les plus sourds, que comme une incitation à la réflexion métaphysique. Le pair, c'est la symétrie interne des strophes, l'autosuffisance, l'intemporel; l'impair, c'est le temps qui recommence, et que l'un succède à l'autre, c'est l'occasion de pressentir — d'où le succès du sonnet dans le néoplatonisme — que l'âme est divisée entre le monde intelligible et le lieu terrestre. Oui, de pressentir la dualité; ou parfois même de tout à fait la comprendre.

Et comprendre, c'est très précisément ce que fait Mallarmé, mais par la découverte d'un fait qui jusqu'alors n'avait pas paru dans sa réflexion sur la poésie.

Non. La bouche ne sera sûre
De rien goûter à sa morsure,
S'il ne fait, ton princier amant,

Dans la considérable touffe
Expirer, comme un diamant,
Le cri des Gloires qu'il étouffe

écrit-il, et certes c'est d'abord signifier — disséminant le mot dans le texte, entre bouche, touffe *et* étouffe — *le* doute *qui l'a saisi. Mais écoutons davantage; en remarquant tout d'abord que le « goûter » de la bouche est recherché par une « morsure », ce qui contraste fort avec les façons que même Baudelaire, si sensuel pourtant, évoquait dans* La Chevelure *: « respirer » les cheveux, en « humer » le vin, « nager » sur leurs parfums, s'enivrer de ces senteurs agitées, toutes sensations qui d'être très fortes n'en sont pas moins susceptibles d'être limitées à leur être propre de sensation, sans passage à plus, en fait déjà disponibles pour l'élaboration que le poème en sera, entre le souvenir et le rêve. Mallarmé, on le sait bien, ne veut pas de cette sorte de rêve, qui se complaît à des imaginations de vie partagée, d'heures voluptueuses oisives, de durée moins déniée que transfigurée. Mais on ne s'en étonne pas moins de le voir substituer aux « yeux », agents si naturels de la perception sans possession que demande sa poétique, et qu'il disait « contents » à la phrase précédente, la « bouche » qui semble bien commencer un acte, cette fois, de possession sexuelle : et cela, afin de savoir s'il a « rien », jusqu'alors, perçu. La suffisance poétique des yeux, leur capacité supposée de dissocier l'exercice des sens du désir de la possession, c'est cela qui est soudain contesté. Comme si la plus réelle saveur ne se donnait pas dans et par la contemplation, mais à une avidité plus élémentaire, et même pour autant seulement que celle-ci soit assumée, soit vécue jusqu'à son terme : ce que signifie on ne peut plus clairement, au dernier vers, ce « cri » de « l'amant » dans la « touffe », — une « expiration », écrit Mallarmé de surcroît, une dépense.*

En bref, la pleine perception, disent les tercets, n'est possible que pour qui consent à la possession, et même si en ce choix de la vie contre l'écriture sont « étouffées » les « Gloires », les autres soies fastueuses, qu'aurait pu être l'œuvre que Mallarmé avait entrevue. Qu'il n'y ait pas le « cri » de la possession, à un plan ou à un autre du désir, et ce qu'on croirait le « diamant », la belle harmonie entrevue dans la perception des aspects sensibles et des relations entre aspects, ce ne serait qu'une rêverie encore. Telle la contradiction à quoi ne pouvait certes que venir se heurter la poétique mallarméenne, — et que voici donc que son auteur a comprise. Et on s'attendrait à ce qu'affleure, chez celui-ci en ce point, le désespoir de savoir qu'est sans fondement sa poétique : d'autant qu'il est évident que même dans ces mois Mallarmé n'a pas toujours consenti à reconnaître cette évidence. C'est en novembre 1885, bien peu après avoir publié ce sonnet, qu'il va écrire à Verlaine : « Voilà l'aveu de mon vice, mis à nu, cher ami, que mille fois j'ai rejeté, l'esprit meurtri ou las, mais cela me possède et je réussirai peut-être (...) »

Rien, pourtant, ne ponctue de désespérance le « Non » du neuvième vers ; et si son esprit est meurtri, rien n'en paraît non plus dans le troisième poème, celui que Mallarmé avait, dans la même lettre à Verlaine, promis de lui apporter. Certes l'on peut s'inquiéter qu'il y soit d'emblée question de suicide, ce qui rappelle le cygne qui « s'immobilise » dans le malheur de l'exil et pourrait dire la conclusion demandée dans « Quelle soie... » par l'aporie qui s'y est marquée. Cette fois aussi, en effet, Mallarmé fait clairement allusion à l'impossibilité où il est de vivre sa poétique. Le « suicide » évoqué, c'est vrai, c'est tout d'abord ou aussi — « tison de gloire, sang par écume, or, tempête » — l'embrasement du soleil couchant : ce qui semble donc ne pas contredire ses espérances, puisqu'il a fait de ce soleil leur emblème : l'astre dans ses nuées étant l'image du poète qui meurt au monde mais pour le transmuer en beauté. Toutefois cette « pourpre » ne drape maintenant « que mon absent tombeau », note-t-il : ce qui signifie que lui est refusée cette sorte de mort, dans la perception libérée, glorieuse, qui aurait permis le poème. Ce suicide à la façon du soleil, ce n'est, « là-bas », qu'un vain rêve, ce qui pourrait ou devrait l'inciter, ici, à se coucher « sur les cendres des astres », comme Igitur; à mettre fin à sa vie physique.

*Le sonnet nouveau commence donc bien dans la même pensée des « gloires » renoncées où finissait l'autre; il en reprend d'ailleurs une des images frappantes, avec ce « tison » qui semble rester à brûler, un moment encore, dans le feu « étouffé » qui terminait « Quelle soie... ». Et il révèle même l'ampleur du drame que ce sonnet s'abstenait de dire, mais, et c'est d'autant plus remarquable, il donne ce malheur pour, sinon passé, du moins tenu à distance. « Victorieusement fui le suicide », dit-il, comme clef pour toute la suite. Et de l'« absent tombeau », « rire », ajoute-t-il même, car il ne veut maintenant que s'émerveiller de ce qui eut lieu dans « l'ombre qui nous fête » entre lui, qui se parle, et la femme à laquelle aussi il s'adresse, le faisant même directement autant que de façon brusque à ce moment critique où les tercets se substituent aux quatrains. Une femme, une chevelure, comme dans l'autre poème. Une chevelure, sauf qu'elle n'est indiquée qu'allusivement, comme le « trésor » d'une « tête » dont la désignation est maintenant devenue ce qui importe. Et c'est que cette tête s'est révélée un « délice », qui peut rivaliser avec le « ciel évanoui » et ce « triomphe » des soirs peut-être un peu « puéril ». La pensée du soleil couchant, le projet de poésie absolue ne sont nullement oubliés, dans ce poème, mais tout se passe comme si Mallarmé, pour un moment au moins — ce nouveau « minuit », certes moins lugubre que quand ses douze coups sonnaient à l'horloge d'*Igitur *—, était en mesure d'en atténuer* *ou d'en différer l'angoisse; comme si le lieu d'exil, où ne pourrait se produire l'opération alchimique, n'était pas voué pour autant à l'alternative désespérée dite dans* Tristesse d'été *: chercher le néant, ne plus vouloir de ce fait que l'insensibilité du ciel désert et des pierres.*

Et l'on pourrait enrichir cette évidence à l'aide d'un autre poème encore, toujours de ce même moment — Mallarmé l'a publié en 1887, et dans sa Déclaration foraine, *ce qui en fait une citation, une page depuis quelque temps déjà terminée —, mais je ne retiendrai de cette « Chevelure vol d'une flamme... » que son évocation d'une femme à « l'œil véridique et rieur », car la* Prose pour des Esseintes *me semble s'éclairer maintenant d'une façon qui apporte plus et peut nous mener plus loin, vers cette fois les poèmes « de circonstances ».*

La première indication de la Prose, *c'est de montrer que par rapport à sa poétique fondamentale, Mallarmé peut envisager de se déplacer, quelque peu. Cette intuition qui l'a soutenu depuis les années 60, il ne l'a pas oubliée ni ne la dénie, au moment, quel qu'il soit, où il écrit ce poème, puisqu'il y reprend la pensée et même les mots du* Toast funèbre, *où il l'avait exposée, et qu'il placera juste avant la* Prose *dans l'édition de ses* Poésies. *Dans le* Toast funèbre *il avait annoncé que la poésie « apaiserait » la réalité, redevenue le jardin d'Éden, en obtenant des mots dégagés du rêve — des mirages créés par la pensée conceptuelle — qu'ils disent les rapports qui existent entre les aspects du monde comme ils se présentent aux yeux, et non entre les choses comme les institue la pensée. De ce fait les choses coïncideraient à nouveau avec l'infini que l'on y perçoit, dans les moments de silence, et le poème en accueillerait la plénitude : leur « nom », en cela mystérieux, assurant même au plan de la parole de poésie, devenu ondoyant et léger comme le regard sans pensée, une présence de monde, un « séjour » où passer sans « croyance sombre », yeux grands ouverts comme Adam et Ève. Tout cela se retrouve dans la* Prose, *et d'abord le séjour, fruit du travail sur les mots qui deviennent noms quand la pensée sait se taire :*

Oui, dans une île que l'air charge
De vue et non de visions
Toute fleur s'étalait plus large
Sans que nous en devisions.

Telles, immenses, que chacune
Ordinairement se para
D'un lucide contour, lacune
Qui des jardins la sépara

écrit Mallarmé, et il affirme même, et surtout, que la terre comme elle existe est capable, au prix de ce jardinage au second degré, d'être le « sol » de ces « noms » qui constitueront le « séjour », ici dénommé « midi ». C'est « sans nul motif », en effet, qu'on dirait

De ce midi que notre double
Inconscience approfondit

Que, sol des cent iris, son site,
Ils savent s'il a bien été,
Ne porte pas de nom que cite
L'or de la trompette d'Été,

trompette dans laquelle il faut peut-être reconnaître, chez un poète qui aime référer au jardin d'Éden, l'archange d'une Apocalypse à son goût : cette résurrection de l'humanité de demain dans et par l'absolu dont l'avait privée le langage. C'est sur « l'avare silence » — la parole qui désespère de se délivrer du concept — autant que sur la « massive nuit » de l'ère passée de celui-ci que Mallarmé veut refermer le « sépulcre », et cela tout aussi bien dans la Prose, *où ce vocable revient aux dernières lignes après « le mot : Anastase ! » qui parle lui aussi de résurrection.*

En tout cela la Prose *« pour des Esseintes » est donc l'expression fidèle de la poétique mallarméenne. Mais là où le* Toast funèbre *évoquait au présent de l'indicatif le geste « humble » mais « large » du poète, et lui donnait même un avenir, puisqu'il en faisait un « devoir », la* Prose *emploie l'imparfait quand elle dit ces événements de l'esprit, et même son bonheur à les vivre. Les fleurs — les réalités — ici aussi sont « plus larges », mais elles « s'étalaient » de même que le poète « s'exaltait » : et on dirait donc que ni lui ni elles ne le font plus. Et d'ailleurs, c'est vrai, puisqu'il explique pourquoi :*

> Oh ! sache l'Esprit de litige
> A cette heure où nous nous taisons,
> Que de lis multiples la tige
> Grandissait trop pour nos raisons

La « tige » des lys, entre « sol » et calice, c'est ce qui caractérise la fleur comme on la sait d'ordinaire par opposition à celle qui est vécue comme Idée, pour son apparence pure, dans les réseaux du séjour ; et il va de soi que cette tige ne peut « grandir », se défaire de la réalité objectale, qu'à la façon de l'hyperbole se rapprochant de son asymptote, car le regard ne se dégage que peu à peu, et même jamais entièrement, du savoir qui enve-

loppe les choses. Mais cette « hyperbole » n'aura été pour le poète ici évoqué qu'un travail vite interrompu, son esprit étant demeuré trop enchaîné à la pensée conceptuelle, trop une raison de cette sorte commune pour en soutenir la poussée. Au présent, aussi bien, l'expression de la théorie, mais au passé celle de sa pratique. La Prose *ne situe plus que dans la « mémoire » — enclose dans un « grimoire » qui est sans doute le même que celui qu'Igitur à la fois évoquait et refermait — cette hyperbole qui aurait dû « se lever », « triomphalement », entre l'objet et le nom, entre le concept et la « notion pure », mais ne le sait plus, « aujourd'hui ».*

Ainsi bien qu'il y ait dans la Prose *tant de raisons de penser au* Toast funèbre, *ce qui suggère de la tenir pour un écrit de la même époque, il n'en est pas moins vrai qu'elle exprime ce sentiment de l'impossibilité de la tâche, de la fatalité de l'exil, qui s'était marqué, de diverses façons, dans les trois ou quatre poèmes d'environ 1885. Et ce qui est encore plus remarquable, elle laisse autant qu'eux paraître que cet « aujourd'hui » qui devrait être de deuil n'est pourtant nullement vécu de façon triste. Au « rire » d'un des sonnets, à « l'œil véridique et rieur » d'un autre, voici que fait écho un « sourire ». Et si l'« antique soin » est maintenant désœuvré, une occupation en a pris la place, qui ressemble assez bien à un bonheur.*

> Gloire du long désir, Idées
> Tout en moi s'exaltait de voir
> La famille des iridées
> Surgir à ce nouveau devoir,

a rappelé Mallarmé, mais aussitôt il ajoute :

Mais cette sœur sensée et tendre
Ne porta son regard plus loin
Que sourire et, comme à l'entendre
J'occupe mon antique soin

après avoir dit ailleurs dans le poème que, se détournant du «grimoire» trop bien fermé — n'est-il pas revêtu de «fer» ? —, il a installé «l'hymne des cœurs spirituels» dans les «atlas, herbiers et rituels» de ce qui, nommé ainsi, ne peut être qu'une adhésion à la réalité comme elle est et à l'existence, dans la durée ordinaire. En ce poème tant illuminé par, sans nombre, les mêmes i *— «le son clair», disait-il — qui étageaient en tout point de son ciel d'hiver l'«aujourd'hui» du sonnet du* Cygne, *Mallarmé semble envisager avec «patience», avec presque de l'allégresse, l'avenir de son exil pourtant confirmé. Même s'il ne fait que «comme» l'entendre, c'est-à-dire s'il n'y consent qu'avec des réserves, et même un peu en faisant semblant, il prête attention, et non sans plaisir, à une objection que jadis il n'aurait pas acceptée.*

Cette objection, ce sourire d'un être de simple bon sens mais qui a aussi de la tendresse, c'est celle, en effet, que lui a faite une «sœur» avec laquelle il a partagé sans doute bien plus qu'une réflexion sur les attraits de l'Éden possible, puisqu'elle veut tirer avantage, elle le dira vers la fin, de ses propres charmes «avant qu'un sépulcre ne rie». Triomphant dans l'esprit de Mallarmé, peut-être même dans son destin, de l'objurgation mortuaire d'une autre sœur — Maria morte enfant, puis cette Hérodiade à peine nubile qui, elle, n'abdiquait pas «son extase» — la sœur «sensée et tendre» de «cette heure où nous nous taisons» ne lui demande pas d'offrir son col à la hache, mais de reprendre goût, une autre résurrection, à l'existence ordinaire. Et en ce point, où plusieurs textes se croisent, une question se reforme. La Prose *n'est-elle « pour des Esseintes » que par l'effet et dans les limites d'une dédicace tardive, occasionnée à l'heure de sa publication par l'*A rebours *de Huysmans ? Et n'avait-elle été, à l'époque du* Toast funèbre, *que l'exploration aussi théorique que celui-ci d'une alternative à l'engagement absolu dans le projet du Grand Œuvre, déjà craint illusoire et déjà concurrencé par un rêve ? Ou Mallarmé ne l'écrivit-il, ou ne la reconnut-il véridique, que bien plus tard, mais en attestant dès lors le fait, dans son existence, d'événements qui donnaient corps à ce rêve ? Il faut se poser la question, qui est celle de l'avenir que Mallarmé a pu rêver pour sa poétique, conscience une fois prise de la contradiction qui la mine.*

IV

Et ce sera rencontrer Méry Laurent, qui est entrée dans la vie de Mallarmé précisément au début de cette période, en 1884, et qui répond assez bien à la figure de la « sœur sensée et tendre » évoquée dans la Prose pour des Esseintes. *Méry Laurent avait été une amie de Manet, qui l'a peinte à plusieurs reprises, ce qui lui valut sans doute, aux yeux de Mallarmé, un préjugé favorable ; elle était d'autre part, bien qu'à sa façon, intelligente et sensible ; et surtout elle avait avec un autre homme — celui qui l'entretenait, fort richement — un lien sans trop de contraintes qui permit à Mallarmé, qu'elle accueillit comme d'autres, de s'attacher à elle d'une façon qui convenait remarquablement bien à son être et à son besoin. Aucun de ces enfièvrements, de ces risques qui eussent bouleversé sa vie rue de Rome ou le travail poétique. Il pouvait apaiser près d'elle un désir qui était certes de possession, mais sans troubler bien profond la concentration de son esprit sur son projet de grand œuvre, en un mot il consentait à la chair, mais en faisant l'économie de l'incarnation. Et puisque Méry n'était ni l'épouse ni véritablement la maîtresse, il pouvait bien lui donner le nom de sœur, ce qu'il fit dans quelques poèmes, ajoutant du coup à ses privilèges le charme, très agissant sur lui, et de longue date, des relations incestueuses. Avec sa chevelure célèbre que ces tableaux de Manet préservent, cette auréole rousse faite pour rappeler le soleil couchant, Méry est assurément la femme qu'on aperçoit dans, par exemple, « Quelle soie aux baumes de temps... » ; et on peut imaginer, sans rien perdre des ambiguïtés du poème, que Mallarmé l'avait en esprit quand il conçut, compléta ou simplement divulgua sa* Prose, *lui qui écrivait à Méry : « Je t'assure que mes yeux ne regardent plus loin de toi le paysage comme naguères, parce que tu t'interposes toujours. » Toutefois, cette interposition, si c'est donc le mot, suffit-elle à expliquer, outre l'agrément qu'il éprouve à « comme entendre » et comme aimer son amie, la confiance et même l'espoir — ce « bel aujourd'hui », qui pourrait déchirer l'impuissance d'hier — avec lesquels il prend et garde conscience de la contradiction inhérente à son projet poétique ? Alors qu'on le sait toujours prêt, il va l'écrire à Verlaine, à sacrifier à cette poursuite, aussi chimérique soit-elle, « toute vanité et toute satisfaction, comme on brûlait jadis son mobilier et les poutres de son toit, pour alimenter le fourneau du Grand Œuvre ».*

Je ne le pense pas, et remarquerai plutôt que le moment de « Quelle soie... » et de la publication de la

Prose, *cette année 1885 assurément décisive, aura vu aussi Mallarmé se préparer à écrire les quatrains ou distiques que nous nommons, et il y eût consenti, ses poèmes « de circonstances ». Des vers de cette nature, apparemment faciles, amusants et plus encore amusés, il en avait certes produit déjà quelques-uns, en 1876, en guise de dédicaces sur des exemplaires de sa belle édition de* L'Après-midi d'un Faune, *mais ces premiers essais, il n'en fut guère qu'une vingtaine, étaient restés isolés, tandis qu'à partir de 1886, il multiplie ces menus poèmes et en composera jusqu'à la fin de sa vie avec la plus constante persévérance : on en connaît près de 600, qu'il dissémina parmi les amis que lui valait une renommée désormais accrue par l'étonnement que provoque la* Prose pour des Esseintes. *Mallarmé imagine ces bouts rimés, il les offre, on lui en redemande, il y prend plaisir, il s'y attache ; et même il en recopie, d'assez nombreux, en quelques albums, et finira par songer à les recueillir en volume, suivant de près, en une occasion, les efforts que faisait Whistler en Angleterre pour trouver éditeur à certains d'entre eux. Les poèmes de circonstances vont être pendant quinze ans une des occupations les plus importantes de Mallarmé. Totalement orientés vers celles et ceux qui auraient été ses premiers lecteurs, eût-il publié pendant cette époque des vers de plus de sérieux, ils seront beaucoup de sa part visible, il le sait. Et il faut certes se demander ce que signifie cette activité nouvelle, étant posé d'abord que toute futile qu'elle paraisse, elle ne peut indiquer, chez celui qui écrit à la même époque* Divagations, *un affaiblissement de l'intellect ou de l'exigence.*

Mais un regard, tout d'abord, sur ces pseudo-impromptus qui ont, en fait, traversé chacun tout un fourré de ratures avant que Mallarmé ne les recopie, soi-

gneusement, sur l'enveloppe qu'il va poster, ou qu'il n'entreprenne de les glisser sous des marrons glacés ou des œufs de Pâques. On y voit que tout y fut fait pour que ses correspondants oublient, en des circonstances d'ailleurs souvent festives, les autres situations de la vie ; celles qui causent du souci, ou sont infortunées ou tragiques : les « loisirs de la poste », ces quatrains qui scellent des lettres ne peuvent certes pas précéder celles qui seraient trop sérieuses, mais ils en écarteront jusqu'à la pensée. Toutefois, il apparaît tout aussi immédiatement que ces vers font beaucoup plus que trier les « circonstances », tant ils abondent en évocations d'agréables objets ou lieux, dits avec beaucoup d'attention pour le plaisir qu'on y goûte. De situations que Baudelaire eût méprisées, Rimbaud haïes, insultées, et plus encore l'anorexique Hérodiade, on constate que Mallarmé s'enchante, trouvant dans les fruits glacés, les bonbons, ou la fraîcheur des parcs des belles maisons amies — ou les charmes d'un badinage aux nombreux double entendre bien joliment maîtrisés — beaucoup d'attrait, semble-t-il. Et on peut s'étonner de ce Mallarmé imprévu. Non qu'on ne le sache tout à fait apte, et de longue date, à observer et sûrement apprécier les plaisirs qu'on dit innocents : en 1874 il aurait pu être ce « Marasquin » de La Dernière Mode, qui excellait à faire valoir des colifichets, ou même à décrire de séduisantes toilettes avec précision mais aussi de la complaisance, frôlant de ses mots des actes dont il préférait s'abstenir ; et il y fut en tout cas « l'Officier de bouche de chez Brébant ». Mais il n'en est pas moins remarquable que l'auteur d'Igitur, qui avait piégé le néant au fond de son miroir comme un physicien d'aujourd'hui capterait dans un autre abîme une composante de la matière, ce soit aussi celui qui sait donner à la pêche ou aux fleurs odorantes du syringa, à l'orange *fraîche ou confite, à la rose réelle ou métaphorique — car des lèvres sont là présentes, dans ces vingt-huit ou trente-deux syllabes, guère plus que le haïku — l'intensité qui révèle une adhésion des plus vives, autant que des plus sereines, aux biens les plus fugitifs.*

Et, disons-le, nous sommes ainsi tentés de trouver de qualité bien légère ce regard nouveau et l'univers — le séjour ? — que ce regard met en place. Il est facile de constater, par exemple, que Mallarmé, s'il se complaît aux aspects les plus riants ou épidermiques de ses jeux avec son amie, n'évoque jamais dans ces vers cette « morsure » ou ce « cri » qui avaient incité à leur réflexion et leurs décisions « Quelle soie... » et deux ou trois autres sonnets. Et la futilité de l'activité comme telle — perdre son temps à des bouts-rimés — apparaît donc redoublée par celle des situations et des intérêts qu'elle prend en compte. Comment un grand poète peut-il accepter une façon d'être qui demande si constamment aux amies et amis de se faire, et soi avec eux, semblables ou à peu près à des enfants en vacances ? Nous finissons par être tentés de croire qu'il y a dans ce dernier Mallarmé quelque chose de décidément enfantin, pour ne pas dire de puéril.

Oui, — à moins que l'on ne s'avise que vouer tant d'énergie à des préoccupations si futiles a, dans l'optique de ce poète, un avantage évident du point de vue le plus strict de son ambition la plus haute. Celle-ci, « Quelle soie... » l'a montré, est entravée par une contradiction au point même, dans le regard, où le projet veut passer à l'acte. Que l'on se refuse à la possession des objets du monde — « prépondérants », et ressentis comme « opaques » — afin de mieux percevoir la beauté des rapports entre leurs aspects, cet infini sensoriel : et ces aspects vont se décolorer, s'effacer, car c'est le désir de la possession qui est à l'origine du monde comme le langage le constitue, pour voir il faut désirer avoir. Même si la possession, l'incarnation — la vie — sont la mort, vouloir posséder, accepter l'action, la finitude, restent le point de passage, et le seul, vers quoi que ce soit qu'on puisse dire beauté, ou être. Ceci étant, c'est un fait que Méry Laurent, si singulière, Méry à la fois si tangible et impersonnelle, est apparue « avec du soleil aux cheveux », « fée au chapeau de clarté », et Mallarmé a pu penser qu'avec elle il serait possible, là même où la fatalité du désir aurait dû le plus cruellement se marquer, d'avoir sans avoir, disons ; et même il a découvert, dans cette façon de palais d'Armide, l'hôtel particulier de l'aimable demi-mondaine, nombre d'objets séduisants dont le risque métaphysique serait, toujours grâce à elle, bien moindre qu'ils n'auraient pu : la chevelure, qui dérobe le visage, par quoi un corps accède à l'être de la personne, les luxueux vêtements voilant de rapports d'apparences pures, couleurs, matière, l'appel vertigineux de la chair ; et, oui, les fruits glacés, les bonbons. Ces objets-là, on peut les désirer, les avoir, l'écoute de la musique de l'être n'en est pourtant pas assourdie. Il y a toute une région du désir, du plaisir, où la possession ne réveille plus — plutôt elle endormirait — les élans de la personne qu'on est, celle qui, pour Mallarmé, doit mourir à soi pour que la vraie recherche commence.

Et n'est-ce donc pas là une solution, au moins partielle, pour qui piétinerait au seuil de cette recherche, et ne faut-il pas inférer, de cette constatation, un raisonnement ou presque, chez Mallarmé, dans ces mois où sa vie changea ? Non plus dénier la légitimité, la fatalité du désir de posséder, comme du temps où il s'écriait, à Tournon, « Heureusement je suis parfaitement mort », mais tenter de les atténuer en intéressant ce désir à ces *menus mais plaisants nouveaux avantages. Et ensuite, et afin de préserver l'énergie qu'il faut à l'alchimiste au travail, détourner ce dernier des actes de possession qui demandent le plus — ceux qui mettent en jeu toutes les dimensions de la vie — vers ces investissements de moindre coût existentiel que le hasard vient de révéler à l'ami de Méry Laurent. De moindre coût et, de ce fait même, déjà de l'impersonnel : le bonbon, le fruit délivrant les instants pendant lesquels ils se défont dans la bouche des souvenirs et soucis et rêves de la personne, quitte pour ces tracas à reprendre à la fin de la jouissance. La matière, qui est la cause du hasard, lequel aveugle la poésie, voici que, sucrée, elle abolit le hasard.*

Jeter du lest, en somme, pour s'élever à nouveau. Passer des heures à substituer la possession frivole à la possession tragique dans quelques maisons du rivage, mais pour, d'un coup de rame plus ferme, pousser à nouveau la yole sur l'eau vers le soleil qui se couche. Je crois que Mallarmé a imaginé que cette stratégie lui serait possible, dans la société de Méry Laurent, et de la famille Manet et de quelques autres, bourgeoises avec quiétude dans la fin du siècle opulente ; je crois que ce fut cette pensée la raison de l'espérance qui perce dans les poèmes de 1885 : en dépit de « l'horreur du sol » le « vierge (on comprend ce mot, maintenant), le vivace et le bel aujourd'hui » de quelques heures riantes qui pourraient « déchirer » — ou tout au moins diluer, faire de moindre poids sur l'esprit — l'évidence de l'empiègement dans la finitude. Et je crois aussi que les poèmes de circonstances ne sont de cette pensée, de cette stratégie, que la conséquence, la mise en œuvre tactique, et cela non seulement par leur nombre, qui signifie la constance dans le projet, mais en leur nature même, le fait qu'ils sont des poèmes, et précisément ces poèmes-là.

V

Pourquoi ? Parce que le futile, aussi utile soit-il, n'est pas nécessairement ce qui s'impose avec évidence, quand on est tout de même un Mallarmé. Aussi porté soit désormais celui-ci à en explorer le possible, encore lui faut-il apprendre à en reconnaître, en bien des moments, la vertu dont distrait le souci métaphysique, puis la fixer, pour en préserver la mémoire. Et à ce travail, car c'en est un — à cette ascèse à rebours —, l'écriture est propice, car elle opère des tris, révèle et confirme des choix en constatant le retour des occurrences, — cependant que, dans le son sous l'idée, et c'est là le point essentiel, la forme se prouve indispensable, une fois encore, par son effet en surcroît. Qu'est-ce que la parole de prose, cet ordinaire de la pensée, sinon ce qui laisse s'enchaîner des concepts les uns aux autres, et par conséquent ne perçoit la chose qu'à travers eux, c'est-à-dire mal, dès l'origine ? Tandis que le vers, par l'accent qu'il met sur les articulations formelles, lesquelles concurrencent celles du sens, desserre le réseau des relations conceptuelles et permet à l'esprit de voir en son immédiateté sensorielle quoi que ce soit qui existe, serait-ce l'humble pichet de cidre. Ce que le vers évoque gagne en évidence, s'impose : une vertu de la parole nombrée que Mallarmé avait toujours sue, et qu'il avait tenté de s'approprier à plus hautes fins dans son écriture majeure.

Pour le projet de détourner l'esprit des possessions dangereuses vers les faciles, et substituer au sérieux de l'existence incarnée la sécurité du futile, Mallarmé avait donc besoin encore, avait besoin tout autant que précédemment, de cette pratique du vers qui de toujours avait été sienne ; et même d'y apporter autant de rigueur que jamais, dans l'observation des lois de la prosodie : ce qu'il fit, il est aisé de s'en assurer à l'aide, par exemple, de ses Loisirs de la Poste, *qui le plaçaient devant un problème. Ces quatrains formulent des adresses, en effet, et le mot* rue *y apparaît très souvent, ou quelquefois* avenue. *Mais* rue *ou* avenue *s'achèvent par un e muet, lequel ne s'élide pas quand le mot qui suit commence par une consonne, comme dans « rue Laugier » ou « rue des Chanoines » : ce qui suggère de faire à l'observation de la prosodie, si* rue *n'est pas à la rime, un accroc que Mallarmé ne se permet pas dans son écriture sérieuse. Celui-ci va-t-il donc s'autoriser cette liberté qui pourrait d'ailleurs signifier, puisqu'il ne la prendrait qu'en ce cas, le caractère propre, c'est-à-dire mineur, de la nouvelle écriture ? Tout au contraire il se l'interdit, et, relevant le défi, trouve sans se lasser au petit problème, doté d'un surcroît de sens, des solutions toujours impeccables, aussi acrobatiques soient-elles. Nous pouvons lire, ainsi :*

Rue interminable Laugier

ou

Rue, or c'est des Chanoines, 12

parmi bien d'autres exemples d'une amusante ingéniosité. Les lois sont observées. Et on doit même penser que Mallarmé a voulu les proclamer, en choisissant ainsi de mettre en quatrains des adresses, car, voici un autre problème, le nom du destinataire, en quatre vers de sept ou huit pieds, ne peut qu'apparaître souvent à la fin de tel ou tel de ces vers : alors qu'il a tout aussi souvent une singularité phonétique qui ne lui vaut que bien peu de rimes, et avec moins encore de pertinence assurée. Élémir Bourges, disons, ne rime peut-être qu'avec « courges ». Faut-il donc garder « Bourges » loin de la rime ? Mallarmé n'y songe pas un instant, il écrit :

Les dames, les fleurs, les courges
Se partagent les émois
De Monsieur Élémir Bourges
En Seine-et-Marne à Samois

ce qui est drôle, mais marque d'abord et surtout la primauté de la forme : l'amusement n'étant que la conséquence d'un amenuisement que la rigueur prosodique a opéré. Être réduit à penser aux courges quand on parle d'Élémir Bourges, c'est renoncer, en effet, aux choses sérieuses, c'est dissuader l'auteur de Les oiseaux s'envolent et les fleurs tombent *de s'élever au lyrique ou à l'héroïque ; et puisque Mallarmé en vient à ces suggestions sans la moindre raillerie, ne faisant non plus jamais allusion à l'être vraiment intime de celles ou ceux auxquels il parle, voici plutôt qu'il a proposé à ceux-ci, à ses amis, une dédramatisation de la vie qu'en écrivant de cette façon il indique aussi qu'il voudrait vivre lui-même. Sous le signe de la plaisanterie affectueuse, l'exagération de la prosodie s'est faite une médecine pour l'âme. Ainsi dans*

Rue, au 23, Ballu.
J'exprime
Sitôt Juin, à Monsieur Degas
La satisfaction qu'il rime
Avec la fleur des syringas

vers où l'on admirera dans le mot clef la belle diérèse, qui laisse entendre le bonheur de Mallarmé à toucher les cordes les plus subtiles, dans le « creux néant musicien » : mais plus encore la pensée, si délicatement suggérée. Car Degas, et Mallarmé, qui l'aime, le sait fort bien, s'est voué à une recherche intense, et d'ailleurs apparentée à la sienne : un besoin de voir, *par-delà les stéréotypes de la conscience ordinaire. Il s'est risqué pour ce faire — pensons à ses photographies — en des régions où ce pourrait fort bien être le néant, comme dans* Igitur, *qui finirait par tout recouvrir de sa grande vague ; et à l'époque de ce quatrain, qui est de 1893, il commençait à perdre la vue, renonçant ainsi à soi-même avec la douleur de l'œuvre brisé. A un être de cette sorte tragique, pourquoi diable parler du syringa, aussi odorantes en soient les fleurs ? Et n'est-il pas déplacé de lui faire part d'une « satisfaction » de simple rimeur ? Mais percevons plutôt l'invite que ce sourire suggère. Pourquoi, dit Mallarmé à son vieil ami, ne pas se dégager, à des heures, de la recherche de l'Impossible pour, quittant ainsi l'atelier, aller « sitôt Juin », quand le syringa a fleuri, vers les maisons qu'il sait qui lui sont ouvertes ? Qu'il y aille, et Mallarmé en serait, oui, certainement satisfait, estimant que Degas y retremperait son courage. Et à tous ceux auxquels il s'adresse il fait, en vérité, la même offre, ou plutôt la même demande. Car ce n'est pas un hasard, remarquons-le maintenant, si la plupart de ces poèmes « de circonstances » sont l'accompagnement d'un petit cadeau, de confiserie, de fleurs ; ou de ce don, le quatrain lui-même, qui a demandé du travail, et fut offert manuscrit. Ce n'est que l'intuition de ce que nous savons bien depuis Mauss, à savoir que le don est instaurateur d'alliance. Qui l'accepte consent à la proposition qu'il contient, il s'engage autant que par un anneau.*

Et ce fut certainement le rêve de Mallarmé, à la fin de ces années 1880, que d'imaginer qu'à sa poétisation du futile se prêtait bien la société qu'il fréquentait ou apercevait, d'où suit qu'il pourrait y vivre sans y être troublé par des valeurs autres, ou ému une fois de plus par le spectacle de la souffrance, ou incité par l'exigence de tel ou telle à ces engagements qui éveillent dans la personne la finitude endormie. Un monde — loin des douleurs et des reproches muets ou réprimés de la rue de Rome — où des intellectuels et des élégantes vivraient — toujours en été, et le soleil tardant à baisser — sous le signe enfantin de la promenade avec herbier et des friandises, une sorte de république de Seine-et-Marne où ne seraient que vergers et eaux rapides ou lentes, Paris n'étant plus au loin que le concert Lamoureux vers quoi on retourne « quand le rideau va se lever sur la magnificence déserte de l'automne », mais parce que « le proche éparpillement du doigté lumineux, que suspend le feuillage », se mirerait alors « au bassin de l'orchestre prêt ». Un lieu de conversations sans passions, de vue et non de visions, un lieu « français », mot qui signifie, contre Wagner, l'imagination réduite au réel, le mythe enfin dissipé, un lieu qui permettrait à la langue, comme jadis chez La Fontaine, ou Racine, d'être dégagée des fantasmes autant que l'est à ses plus beaux jours l'onde la plus transparente. Ne rien ajouter aux figures du val, du pré, de l'arbre, sinon la voie ferrée qui va de Paris à Fontainebleau. Et dans la cellule à deux pas du fleuve, pouvoir alors reprendre la grande tâche, qui est de fixer dans des mots ces aspects simplement et saintement naturels qu'à leur façon les amis auraient déjà préférés au néant, à la violence des choses, dans leurs parcs où l'on va goûter.

Un poème dit à merveille cette utopie, ce rêve d'un univers néobucolique où pourrait venir travailler Virgile, un poème qui est un des plus magnifiques de Mallarmé, et toujours de ce moment décisif où il entreprit ses vers de circonstances : Le Nénuphar blanc, *écrit à Valvins, publié dans* L'Art et la Mode *à la fin de l'été 85.* Le Nénuphar blanc *est un poème en prose, un récit. On y voit Mallarmé aller silencieusement dans sa yole, et au début c'est avec ses « yeux au dedans fixés sur l'entier oubli d'aller », mais soudain il a heurté un obstacle. En fait, il avait dessein, remontant un ruisseau, de s'approcher de « la propriété de l'amie d'une amie, à qui je devais improviser un bonjour ». Et le voici arrêté par des roseaux que domine un petit pont et qu'encadrent des clôtures, c'est le parc ; et imaginant la dame des lieux mais aussi, à « un imperceptible bruit » puis un pas qui cesse, que celle-ci est là, tout près de lui, et l'observe, gardée indécise peut-être par l'impression que son visiteur est abîmé dans un « songe ». Qu'est-ce que cet instant où Mallarmé pressent, imagine mais ne peut voir ? Le hasard auquel il faut mettre fin pour se présenter et commencer la visite ? Non, plutôt décider qu'aucune dame n'est là, à proximité, et partir, parce que alors, lui, le poète aura — « comme on cueille, en mémoire d'un site, l'un de ces magiques nénuphars clos qui y surgissent tout à coup, enveloppant de leur creuse blancheur un rien, fait de songes intacts, du bonheur qui n'aura pas lieu » — pu substituer ainsi à la personne réelle « le délice empreint de généralité qui permet et ordonne d'exclure tous visages ». Mallarmé, « en déramant peu à peu », sans bruit sur l'eau ni écume, va accomplir l'acte fondamental de sa poétique majeure :*

rompre avec l'être fini, qui retient à l'existence ordinaire, pour, par la voie des rapports de beauté nés de tout le lieu alentour, reconstruire non tant une figure idéale que le réel entier devenu grand calice clair, « creuse blancheur », le rien mais comme splendeur. Rompre, partir, être vraiment ce que suggérait à la première minute sa tête comme coupée par les roseaux : un esprit réduit à sa pureté, ainsi Jean-Baptiste déjà devant cette Hérodiade, le monde.

Mais il n'y a pas que ce souvenir du grand projet poétique dans le départ silencieux du rameur, emportant son « imaginaire trophée ». Car de ce dernier il indique qu'il « ne se gonfle d'autre chose sinon de la vacance exquise de soi qu'aime, l'été, à poursuivre, dans les allées de son parc, toute dame, arrêtée parfois et longtemps », et cela signifie qu'il a tout de même reçu de la dame, de cet être qui supposément n'a pas lieu, une aide : la « vacance exquise de soi », l'abandon qu'elle fait du temps existentiel pour simplement le bonheur d'errer dans l'été, sous les arbres, ayant permis que le visiteur ne soit pas vu, l'ayant encouragé à ne pas être l'intrus qui aurait désiré, troublé, — qui se serait laissé envahir et troubler lui-même. La belle dame, l'amie de l'amie, a fait son devoir, déjà vraiment poétique, qui est de ne pas voir l'autre en sa réalité d'existant, ou, s'il se fût présenté, cette fois ou la fois prochaine, qui eût été de ne lui offrir, gentiment, que les fruits et les boissons fraîches qui sont le don de futilité — disons maintenant de vie suspendue — que suggèrent les bouts-rimés. La dame de ce petit bout du monde est ce que ces poèmes demandent, et en particulier à la femme, parce que c'est celle-ci qui détournerait le plus Mallarmé de sa poétique majeure; Mallarmé qui a rêvé que la femme — celle au moins qu'un Claude Monet évoque, dans la clarté bleue de l'ombrelle — a plus que l'homme le beau pouvoir de s'absenter de soi, de vivre vague dans la lumière comme le nénuphar sur l'eau transparente.

Le Nénuphar blanc *révèle, me semble-t-il, le vœu profond, la demande limite des poèmes de circonstances. C'est ce vœu, c'est cette demande qui restituent aux figures réduites de ces derniers la qualité, à nouveau, de l'être, et de brefs éclats d'absolu, comme quand Mallarmé évoque :*

Rue, ouïs ! 22 Lavoisier
Madame Degrandi qui lance
La richesse de son gosier
Aussi haut que notre silence

et, peignant « d'une couleur inconnue

Entre le délice et le bleu »,

font que parfois la poésie mineure de Mallarmé, vouée à ne dire que le futile, rejoint presque autant que la grande, toujours privée de son objet irréel, l'intensité mystérieuse de ce qui est. Je suis, je l'avoue, prêt à voir s'ouvrir un abîme dans simplement ce distique :

Les demoiselles Cazalis
L'autre une rose et l'une un lis

où s'effacent les jeunes filles réelles sous des fleurs qui, du coup, grandissent à l'infini, se font « larges » comme la Rose et le Lys déjà dans l'Éden du Toast funèbre.

Et je considère donc les poèmes de circonstances comme une entreprise sérieuse, comme une autre part de l'entreprise mallarméenne toujours sérieuse, comme, en bref, une authentique recherche encore, et qui n'a pas commencé à cause, chez Mallarmé, d'une futilité qui lui eût été naturelle, mais avec le souci, toujours obsédant, des mêmes enjeux absolus que sa poétique majeure, et par l'effet du doute qui ravageait celle-ci et, bien sûr, ne s'est pas dissipé cette fois non plus, en tout cas on peut bien le craindre.

VI

En d'autres mots, qu'aura gagné Mallarmé, dans ses dernières années, à minoriser, à futiliser son désir désespérément humain, à tenter d'en différer le tragique, qu'il jugeait contraire à la poésie ? Assez peu, sans doute, l'existence étant ce qu'elle est ; et on peut observer, d'abord, que le projet même de ces vers pour cesser de vivre n'était pas sans une contradiction, en son essence la plus intime : Méry Laurent elle-même, dans la fréquentation de laquelle il s'était formé. Méry, hasard pour une fois favorable, avait paru dire possible en sa compagnie complaisante la dialectique de perpétration et d'abstention que Mallarmé avait rêvée dans le Faune, *puis formulée dans* Mimique, *en 1886 cette fois encore : « hymen vicieux », cette pratique ambiguë, parce qu'il ne fait que frôler l'union réelle, celle qui tend à l'incarnation, mais « sacré », parce qu'il préserve ainsi d'avoir existence personnelle le poète qui sinon en mourrait à la poésie. C'est en cela qu'elle avait été l'origine des poèmes « de circonstances », leur « circonstance » même, fondamentale ; et elle fut, bien sûr, l'occasion particulière d'un très grand nombre d'entre eux, autant que l'incitation d'autres encore, adressés à tels ou tels de ses proches : d'où suit qu'il fallait donc qu'elle soit dans cette écriture la preuve même que celle-ci, que ce blason de son rire, avait raison d'être. Mais à paraître si fréquemment Méry ne prend-elle pas trop d'importance, pour qui rêve ces vers qui amplifient tant les prestiges ? Et écrire ainsi, n'est-ce pas jouer avec le feu ? Nous savons par des lettres de Mallarmé, qui n'avaient pas de quatrains sur leurs enveloppes ; nous savons, hésiterions-nous à ouvrir ces lettres, par tel sonnet d'environ 1886 — celui qui a pour premier vers, un peu verlainien : « Ô si chère de loin et proche et blanche, si » — que Stéphane a éprouvé à des moments pour Méry un sentiment qui grandissait trop pour que son projet demeurât possible, de dévier le désir vers le minime ou futile qui ne troubleraient pas l'alchimie. Par la voie des petits poèmes, qui avait pour but de la détourner, la passion amoureuse a risqué, en somme, et pour la première fois peut-être, de pénétrer cette vie si avarement gardée pour la recherche de l'Absolu. Et on peut même penser que dans quelques cas où Mallarmé a paru écrire à Méry de ces vers qui contaient vaguement grivoise fleurette, il ne faisait en réalité — résigné à ne pas avoir son amie pour soi seul, à ne pas en être vraiment aimé, et contraint à feindre l'indifférence — que l'humble cadeau qu'est la dissimulation, apparemment enjouée, d'une douleur.*

Et il y a plus dangereux encore, dans le projet de minorisation du désir, c'est qu'à ne plus vouloir tenir compte des objets qui engagent l'existence à son plus profond — qui la troublent, mais l'incitent aussi aux maturations nécessaires — Mallarmé prend le risque de malmener, de réprimer ce qui en lui, cependant, ne peut renoncer à ces grands objets et à leur parole : c'est-à-dire son inconscient. Ce qui signifie que ses mots occupés aux riens de la vie vont se heurter, bientôt, aux surgissements d'exigences autres, et de façon d'autant plus dure et bizarre que la parole inconsciente aura été de plus longue date désapprise. Mallarmé eût-il réussi dans son entreprise « mineure », Méry aurait mis certes à distance, sur la scène de son destin, l'appel de la mère et de la sœur mortes, dont l'idéalisation qu'en avait faite son rêve avait cautionné autant qu'irrigué la figure fantasmatique d'Hérodiade. Mais que le moins du monde il échoue à substituer à ces « tombes » le « bonbon », et les énergies d'en dessous, grossies de tout un éros jamais ni vraiment vécu ni sublimé, vont facilement emporter les digues qu'opposait à la voix nocturne la frêle écriture de jours souriants mais sans vérité.

Ainsi s'explique qu'au moment même où il multiplie ses quatrains, Mallarmé ait ressenti le besoin de reprendre la tâche d'Hérodiade, tâche fatale — « un sujet effrayant » —, rendez-vous immanquable avec sa mort. Le poème, il est vrai, n'avait jamais quitté son esprit. En septembre 1886, c'est-à-dire au moment de son grand renouveau de création poétique, il informe un correspondant qu'il « compte le compléter et en faire avant peu une plaquette ». Mais alors il a dû y travailler assez peu, à en juger par ses Poésies de 1887, où rien d'Hérodiade n'est inédit, ou par la refonte du livre, quatre ans plus tard, — tandis qu'en 1896 il indique à nouveau qu'il va terminer pendant l'été l'œuvre ancienne, et cette fois s'y consacre avec une intensité croissante qui n'eut de terme, ou plutôt d'effet, que le spasme qui l'étouffa, le 9 septembre 1898, à la façon du saint Jean dont il venait d'évoquer dans le Cantique le bond « hagard » de la tête. Or, ce qui est d'emblée l'évidence, dans les brouillons de ces dernières saisons, c'est que leur principale figure n'est plus la vierge chaste et même froide et lointaine de la Scène de 1865. Le fantôme qui reparaît a désormais d'étranges impudeurs, Hérodiade tient des propos d'une avidité farouche, d'une violence sauvage, et Mallarmé ne parvient pas à coordonner les récla-

mations de ce désir dont la logique semble insensée. « Le glaive qui tranche ta tête a déchiré mon voile », déclarera Hérodiade ; part en morceaux l'écriture qui dissimulait l'objet réel du désir, il faut que le poète renonce à trouver dans les apparences du monde les données musicales d'une Beauté qui aurait été l'Être même.

En bref, à trop vouloir minoriser, futiliser le désir, on se condamne à le détourner des formes en fait praticables que la vie aurait pu — au prix d'un consentement au temps, à la mort — lui permettre de découvrir par déplacements, par sublimations : et donc à le rencontrer, et bien tard, à son plus élémentaire niveau de voracité quasi biologique, là où le langage existe à peine, là où poésie ni pensée ne sont encore possibles. Et c'est par pressentiment peut-être de ces périls et de cet abîme que Mallarmé, remarquons-le pour finir, ne fut jamais sans ambivalence à l'égard de l'objet qu'exaltait son projet mineur, son autre alchimie : à l'égard de l'or du futile. Lisons un dernier poème, celui qu'il ne plaça pas par hasard à la fin du volume des Poésies, *ce recueil de « bribes », comme il disait à Verlaine. Un sonnet qui est d'ailleurs de 1886, lui encore.*

C'est « Mes bouquins refermés sur le nom de Paphos » ; et il est facile de voir que la pensée de Mallarmé dans ces vers se développe sur deux plans, simultanément. D'une part, celui de l'écriture, en ce que celle-ci a eu pour lui de plus ambitieux, ce que j'ai dit son projet majeur. Reprenant comme en d'autres occasions les pas d'un ancien poème — en l'occurrence : « La chair est triste, hélas ! et j'ai lu tous les livres » — Mallarmé dit non, une fois de plus, au discours ordinaire, celui qui ne nomme qu'en réifiant, ou réduisant l'absolu à de l'historique, ce que le nom de Paphos suggère ; et dans le même hiver qu'évoque Le Cygne, *et qu'il ne dénie pas mais défie, il demande au*

« génie » — l'esprit qui se dégage de la pensée, la poésie — de faire élection pour lui, « au loin » là-bas, d'une « ruine » : c'est-à-dire d'une architecture suffisamment délivrée de la forme que le monument avait eue pour que l'imagination y pressente, au delà des œuvres qui sont à jamais imparfaites, la parfaite musique qui naîtrait de la notion pure. Seule cette « ruine », ce manque qui se sait tel et atteste ainsi de plus que soi, est « bénie », prise dans les jeux de la lumière. Pas de « nénie », pas de chant funèbre inutile, pour la réalité comme nous l'avons.

Mais il y a dans ces vers un autre plan, celui d'un monde chaleureux, accueillant, et qui tout de même a bien existence, et quelque valeur : puisque Mallarmé se montre, au dernier tercet :

Le pied sur quelque guivre où notre amour tisonne,

ce qui évoque un feu, dans une cheminée, défaillant mais encore vif, et deux êtres qu'unit une relation amoureuse, en un moment d'intimité, de silence. Ces deux êtres, ce « nous », ce sont évidemment, dans la pensée de Mallarmé en 1886, Méry Laurent et lui-même, penchés l'un près de l'autre vers des brandons et des cendres, et on peut même penser que le mot « guivre », que rien de métaphorique ne semble pouvoir articuler au contexte, vaut ici plutôt par métonymie, comme rappel que Mallarmé fait à sa plus attentive lectrice des chenets sculptés d'un certain foyer, qu'elle connaît bien. Cette « guivre » énigmatique est un signe de connivence, au travers d'un poème sinon adressé à tous. Elle retient l'esprit du poète à une chambre d'ici, dont les volets clos ont laissé dehors, à leur façon, le froid du pays d'exil, « avec ses silences de faulx » (la faux du temps, celle de la mort, eût soufflé Littré, s'il était besoin).

Et nous voici cette fois en présence de la pensée qui occasionne ces vers, car cette chambre qui tient l'hiver, et « l'horreur du sol », et même « le mépris », à distance, c'est bien « l'aujourd'hui » qu'avait aperçu Mallarmé à l'heure où il concevait le projet, la stratégie, de ses poèmes de circonstances : elle symbolise l'objet à la fois attachant et sans exigence qu'il rêva d'associer, compensation peu compromettante, à l'ascèse voulue par sa poétique majeure, elle dit les biens, les « fruits » dont dans ces années il chercha à rendre moins dramatique toute une part de sa vie. Or, ce qui juxtapose les deux visées, c'est bien clair, c'est même dit, explicitement. Mallarmé, malgré les fruits d'ici — et même si l'un d'eux est humain, « éclate de chair » et de parfums —, n'oublie pas que sa faim ne s'en est jamais satisfaite. Il sait que la « ruine », qui est le « manque », ce qui laisse l'esprit imaginer l'absolu, disqualifiera toujours à ses yeux, décolorera, rendra inopérants même pour d'humbles dérivations, les biens que tous ces quatrains célèbrent, et leurs façons de pallier la réclamation métaphysique. Aucune réussite de prosodie artificieusement détournée du grand projet de « creuser le vers » ne pourra substituer le « bonbon » à la « tombe », qui pour Mallarmé demeure, même après que Dieu a pris fin, le seuil de la seule Beauté qui vaille. Pour terminer le recueil de ses Poésies, *l'auteur du* Toast funèbre *écrit donc, et ce sont là quelques-uns de ses plus beaux vers, de ses plus intensément véridiques :*

Le pied sur quelque guivre où notre amour tisonne,
Je pense plus longtemps peut-être éperdument
A l'autre, au sein brûlé d'une antique amazone,

et, notant cela, réfléchit peut-être, c'est l'inquiétude que je disais, aux inconséquences du choix qu'il a tout de même fait, aux marges de son Grand Œuvre, et continue d'accomplir. Car s'il est vrai que rien ne prévaut en lui contre sa fatalité ; que différer son vœu d'accéder à la « notion pure » ne lui vaudra que d'y revenir devant une Hérodiade plus barbare qu'avant et plus que jamais destructrice, la meilleure façon d'échapper à la désorganisation de l'esprit, au moins pour la durée d'un grand témoignage, n'eût-elle pas été de regarder le néant en face ? On s'attarde sous de beaux arbres, dans la lumière dorée du fleuve parmi leurs feuilles. Mais pendant ce temps l'absolu redevenu l'étranger couvre rapidement de ses ombres le champ de l'écriture détruite.

Yves Bonnefoy

Vers de circonstance

LES LOISIRS DE LA POSTE

[Cette publication tout à l'honneur de la Poste. Aucune des adresses en vers reproduites ici n'a manqué son destinataire.

Le poëte ajoute que l'idée lui en vint à cause d'un rapport évident entre le format des enveloppes et la disposition d'un quatrain — par pur sentiment esthétique. Il les multiplia au gré de ses relations.] — THE EDITOR.

Leur rire avec la même gamme
Sonnera si tu te rendis
Chez Monsieur Whistler et Madame,
Rue antique du Bac 110.

Rue, au 23, Ballu.
J'exprime
Sitôt Juin à Monsieur Degas
La satisfaction qu'il rime
Avec la fleur des syringas.

Monsieur Monet, que l'hiver ni
L'été, sa vision ne leurre,
Habite, en peignant, Giverny
Sis auprès de Vernon, dans l'Eure.

Villa des Arts, près l'avenue
De Clichy, peint Monsieur Renoir
Qui devant une épaule nue
Broie autre chose que du noir.

Paris, chez Madame Méry
Laurent, qui vit loin des profanes
Dans sa maisonnette *very*
Select du 9 Boulevard Lannes.

Pour rire se restaurant
La rate ou le charmant foie
Madame Méry Laurent
Aux eaux d'Évian,
Savoie.

Dans sa douillette d'astrakan
Sans qu'un vent coulis le jalouse
Monsieur François Coppée à Caen
Rue, or c'est *des Chanoines,* 12.

Monsieur Mendès aussi Catulle
A toute la Muse debout
Dispense la brise et le tulle
Rue, au 66, Taitbout.

Adieu l'orme et le châtaignier !
Malgré ce que leur cime a d'or
S'en revient Henri de Régnier
Rue, au six même, Boccador.

Notre ami Vielé Griffin
Savoure très longtemps sa gloire
Comme un plat solitaire et fin
A Nazelles dans Indre-et-Loire.

Apte à ne point te cabrer, hue !
Poste et j'ajouterai : dia !
Si tu ne fuis 11 bis rue
Balzac chez cet Hérédia.

Apporte ce livre, quand naît
Sur le Bois l'Aurore amaranthe,
Chez Madame Eugène Manet
Rue au loin Villejust 40.

Sans t'étendre dans l'herbe verte
Naïf distributeur, mets-y
Du tien, cours chez Madame Berthe
Manet, par Meulan, à Mézy.

Mademoiselle Ponsot, puisse
Notre compliment dans sa fleur
Vous saluer au Châlet-Suisse
Sis route de Trouville, Honfleur.

Rue, et 8, de la Barouillère
Sur son piano s'applique à
Jouer, fée autant qu'écolière,
Mademoiselle Wrotnowska.

Si tu veux un médecin tel
Sans perruque ni calvitie
Qu'est le cher docteur Hutinel
Treize, entends — de la Boétie.

Prends ta canne à bec de corbin
Vieille Poste (ou je vais t'en battre)
Et cours chez le docteur Robin
Rue, oui, de Saint-Pétersbourg 4.

Au fond de Saint-James, Neuilly,
Le docteur Fournier n'a d'idée,
Songeur, prudent et recueilli,
Que de courtiser l'orchidée.

Augusta Holmès accourue
En tant qu'une blanche parente
Des rois joueurs de harpe, rue
Juliette Lamber, 40.

Arrête-toi, porteur, au son
Gémi par les violoncelles,
C'est chez Monsieur Ernest Chausson,
22 Boulevard de Courcelles.

Rue, ouïs ! 22 Lavoisier
Madame Degrandi qui lance
La richesse de son gosier
Aussi haut que notre silence.

Au 137, avenue
Malakoff, Madame Tola
Dorian ; celle qui vola
Le feu de la céleste nue.

L'âge aidant à m'appesantir
Il faut que toi, ma pensée, ailles
Seule rue, 11, de Traktir
Chez l'aimable Monsieur Séailles.

A Montigny, Monsieur Grosclaude
Vise un lapin sans dévier
Ou, vêtu de sa verte blaude,
Jette dans le Loing l'épervier.

Monsieur Mirbeau, Pont de l'Arche
(Eure)
            Toi qui vois les Damps
Facteur, ralentis la marche
Et jette ceci dedans.

A moins qu'il ne hante la nue,
Ne vogue où mûrit le letchi,
Monsieur Léon Dierx, avenue
Ci proche, 13, de Clichy.

Tapi sous ton chaud mac-ferlane,
Ce billet, quand tu le reçois
Lis le haut ; 6, cour Saint-François
Rue, est-ce Moreau ? cher Verlaine.

RÉCRÉATIONS POSTALES

Cette petite publication, tout à l'honneur de la Poste. Aucune des adresses en vers collationnées ici n'a manqué son destinataire.

Puis elle aidera à l'initiative de personnes qui pour leur compte voudraient s'adonner au même jeu.

Avec zèle nous avons remis la main peu à peu sur l'ensemble de ces poëmes spéciaux et brefs que l'auteur espéra perdus. M. Stéphane Mallarmé en autorise l'impression, mentionnant que l'idée lui vint à cause d'un rapport évident entre le format ordinaire des enveloppes et la disposition d'un quatrain et qu'il fit cela par pur sentiment esthétique.

Aussi rien n'a été épargné pour la présentation de ces riens précieux. On y trouve, avec l'amusement propre à un poëte, le joyau typographique parisien du goût le plus rare.

I. POÈTES

1

Courez, les facteurs, demandez
Afin qu'il foule ma pelouse
Monsieur François Coppée, un des
Quarante, rue Oudinot, douze.

2

Dans sa douillette d'astrakan
Sans qu'un vent coulis le jalouse
Monsieur François Coppée à Caen
Rue, or c'est *des Chanoines* douze.

3

Tapi sous ton chaud mac-ferlane
Ce billet, quand tu le reçois
Lis-le haut ; 6 cour Saint-François
Rue, est-ce Moreau ? cher Verlaine.

4

Monsieur Mendès, je dis Catulle,
A toute la Muse debout
Dispense la brise et le tulle
Rue, au soixante-six, Taitbout.

5

Apte à ne point te cabrer : hue !
Poste et j'ajouterai : dia !
Si tu ne cours onze bis rue
Balzac chez cet Hérédia.

6

Monsieur le comte de Villiers
De l'Isle-Adam ; qu'on serait aise
D'avoir parmi mes familiers.
A Paris, Place Clichy, seize.

7

A moins qu'il ne hante la nue
Ne vogue où mûrit le letchi
Monsieur Léon Dierx, avenue
Ci-proche, treize, de Clichy.

8

Va, poste, tout crinière et bave
Lui jetant un joyeux hi-han
Chez mon ami très cher Octave
Mirbeau
Kérisper
Morbihan.

9

Monsieur Mirbeau, Pont-de-l'Arche
(Eure)
Toi qui vois les Damps
Facteur, ralentis la marche
Et jette ceci dedans.

II. PEINTRES

1

Leur rire avec la même gamme
Jaillira si tu te rendis
Chez Monsieur Whistler et Madame
Rue antique du Bac cent dix.

2

Apporte ce livre quand naît
Sur le Bois l'Aurore amaranthe
Chez Madame Eugène Manet
Rue au loin Villejust quarante.

3

Sans te coucher dans l'herbe verte
Naïf distributeur, mets-y
Du tien, cours chez Madame Berthe
Manet, par Meulan, à Mézy.

4

Rue, au vingt-un, Ballu.
J'exprime
Sitôt Juin à Monsieur Degas
Ma satisfaction qu'il rime
Avec la fleur des syringas.

5

Monsieur Monet, que l'hiver ni
L'été sa vision ne leurre
Habite, en peignant, Giverny
Sis auprès de Vernon, dans l'Eure.

6

Villa des Arts, près l'avenue
De Clichy peint Monsieur Renoir
Qui, devant une épaule nue
Broie autre chose que du noir.

7

Au cinquante-cinq, avenue
Bugeaud, le précieux Helleu
Peint d'une couleur inconnue
Entre le délice et le bleu.

8

A la caresse de Redon
Stryge n'offre ton humérus
Ainsi qu'un fallace édredon
Vingt-sept rue, ô Nuit ! de Fleurus.

9

Rue interminable Laugier
Au soixante-quinze s'exhausse
Une grille de clos ; j'y ai
Vu peindre et songer Rochegrosse.

III. LITTÉRATEURS

1

Rue, as-tu peur ! de Sèvres onze
Subtil logis où rappliqua
Satan tout haut traité de gonze
Par Huÿsmans qu'il nomme J. K.

2

Au charmeur des Muses becque-
té, plus prompt à l'estocade
l'étincelant Henri Becque
rue et 17 de l'Arcade.

3

Les dames, les fleurs, les courges
Se partagent les émois
De Monsieur Élémir Bourges
En Seine-et-Marne à Samois.

4

Paul Margueritte tout ce mois
Conduit un cob pas une carne
Sur les trottoirs du haut-Samois (*)
Département de Seine-et-Marne.

(*) variante convenable :

Avant que le bois se décharne
Habite dans le haut-Samois.

5

A Montigny Monsieur Grosclaude
Vise un lapin sans dévier
Ou, vêtu de sa verte blaude
Jette dans le Loing l'épervier.

6

Que le marteau lent à s'abattre
Sur la porte qui l'endurait
Rue, on ouvrira, Vignon quatre
T'annonce chez Monsieur Duret.

7

Tels qui resteront sur l'airain
Dédaigneux de simili-zinc
S'impriment vifs chez Paul Perrin
Quai des Augustins, trente-cinq.

8

L'âge aidant à m'appesantir
Il faut que toi, ma pensée, ailles
Seule rue, onze, de Traktir
Chez l'aimable Monsieur Séailles.

9

Quand sur la cité reparue
L'Aube s'enfuit froide et rouge, on
Mettra ce mot, 32 rue
Chalgrin, chez mon ami Roujon.

IV. QUELQUES DAMES

1

Si la Dame aux doux airs vainqueurs
Qui songe 9 Boulevard Lannes
T'ouvre, mon billet, comme un cœur
Avec ses ongles diaphanes.

2

Paris, chez Madame Méry
Laurent qui vit loin des profanes
Dans sa maisonnette *very*
Select du 9 Boulevard Lannes.

3

Madame la propriétaire
Au 9 Boulevard Lannes, coin
De verdure ample et solitaire
Dont mon esprit n'est jamais loin.

4

Vite Boulevard Lannes, neuf
Jetez ce papier pour qu'on sache
Ce qui se passe en moi de neuf
A la boîte qu'un lierre cache.

5

Ô Facteur, il faut que tu vêtes
Ta tunique verte d'elbeuf
Pour ouïr un nid de fauvettes
Chantant Boulevard Lannes neuf.

6

Pour rire se restaurant
La rate ou le charmant foie
Madame Méry Laurent
Aux eaux d'Évian
                    Savoie.

7

Méry Laurent ne blâme point
Vos eaux, Royat qui la soignâtes
D'avoir complété d'embonpoint
La plus blanche des Auvergnates.

8

Que la très subtile Élisa
Nymphe du parterre et des vannes
Sans la lance d'eau me lise à
L'ombre du 9 Boulevard Lannes.

9

Rue unique de la Paix, douze
Ceci pour Madame Virot
Qu'à Paris l'Europe jalouse.
Il faut aller d'un joli trot.

V. LITTÉRATEURS ET POÈTES JEUNES

1

J'aime que Robert de Bonnières
Habite, loin des lieux criards,
Le 7, palais et bonbonnières
De ton avenue, ô Villars.

2

Adieu l'orme et le châtaignier !
Malgré ce que leur cime a d'or
S'en revient Henri de Régnier
Rue, au même six, Boccador.

3

Notre ami Vielé-Griffin
Savoure très longtemps sa gloire
Comme un plat solitaire et fin
A Nazelles dans l'Indre-et-Loire.

4

Va-t-en, Messager, il n'importe
Par le tram, le coche ou le bac
Rue, et 2, Gounod à la porte
De notre Georges Rodenbach.

5

Monsieur Dujardin — jardini
Attendu que le traître insigne
Est rue, au treize, Spontini
Malgré Lohengrin et le cygne.

6

Rue, et 2, des Dames.
Aucune
A son five o'clock ne rêva
Esprit si neuf et sans lacune
Que Téodor de Wyzewa.

7

Ainsi je lance en badinant
Ce mot Boulevard Saint-Germain
Cent trente-deux à Ferdinand
Hérold et lui serre la main.

8

Il obtient, ce Charles Morice
Par les appartements divers
Qu'un plafond seul n'endolorisse
L'aile qui lui dicte ses vers.

VI. LITTÉRATEURS

1

Un habit à queue-de-morue
Me causant un vif embarras
Lettre va, pour moi, douze rue
Durantin, chez Monsieur Marras.

2

Le tourneur de maint rondel sent
L'approche blanche de Janvier
Aux vœux qu'il forma pour Delzant
6 place Saint-François-Xavier.

3

Poëtes, race disparue
Victor Margueritte l'un d'eux
Il loge chez sa maman, rue
Bellechasse quarante-deux.

4

Que l'Aube déployant ses lèvres
Devant Margueritte Victor
Rue, où cela ? Brongniart à Sèvres
Lui jette un baiser de stentor.

5

Là-bas numéro cinq, à Sèvres
Reste donc rue, ohé ! Brongniart
A claquer tes menteuses fièvres
Victor Margueritte, cagnard.

6

Mon silence, discontinue !
Un bonjour tentera l'essor
Au cinquante-cinq avenue
Bugeaud ; qu'orne Monsieur Champsaur.

7

Celle qui comme un maître peintre
Trace des traits, dont il vous cuit,
A nom Victoria Dewintre,
Habite cité Gaillard huit.

8

Les Cupidons qu'elle essaima
Ailés, allez ! mine confite
Chez Mademoiselle Abbéma
Rue et quarante-sept Laffitte.

9

Cache dans le manchon de martre
Ô Poste ou tends d'un doigt mutin
Impasse Guelma, sept, Montmartre
Ce mot pour André Desboutin.

VII. MUSICIENS

1

Les poëtes n'ayant pour eux
Que l'antique lyre bizarre
Invoquent Monsieur Lamoureux
Soixante-deux R. Saint-Lazare.

2

Augusta Holmès accourue
En tant que la blonde parente
Des Rois Joueurs de Harpe rue
Juliette Lamber, quarante.

3

Arrête-toi, porteur, au son
Gémi par les violoncelles,
C'est chez Monsieur Ernest Chausson
Vingt-deux Boulevard de Courcelles.

4

Marthe Duvivier, plume blanche
Ombrageant un chapeau marron.
Sa voix comme un fleuve s'épanche
Un, rue ample Pierre Charron.

5

A Madame, Madame Marthe
Duvivier. Si j'étais baron
Un tortil ornerait sa carte.
Rue, un ou trois, Pierre Charron.

6

Madame Schneider continue
A charmer non moins que des rois
Les rossignols dans l'avenue
De Versailles au cent vingt-trois.

7

Boulevard Rochechouart loge
Au 2 mon ami Léopold
Dauphin, c'est, voilà son éloge
Plutôt un sylphe qu'un Kobold.

8

Rue, ouïs ! vingt-deux Lavoisier
Madame Degrandi qui lance
La richesse de son gosier
Aussi haut que notre silence.

9

Au cent trente-sept avenue
Malakoff, Madame Tola
Dorian ; celle qui vola
Le feu de la céleste nue.

VIII. MÉDECINS

1

Au fond de Saint-James Neuilly
Le docteur Fournier n'a d'idée
Songeur, prudent et recueilli
Que pour courtiser l'orchidée.

2

Qui voudrait n'être secourue
A l'instant toujours opportun
Par le docte Alfred Fournier, rue
Volney, jadis Saint-Arnaud, un.

3

Prends ta canne à bec de corbin
Vieille Poste ou je vais t'en battre
Et cours chez le docteur Robin
Rue, oui de Saint-Pétersbourg, quatre.

4

Si tu veux un médecin tel
Sans perruque ni calvitie
Qu'est notre docteur Hutinel
Treize ; entends — de la Boétie.

5

J'imagine que Cazalis
La lyre noble aux sons thébains
Ceinte d'azalée et de lis
Boit dans sa ville d'Aix-les-Bains.

6

Je songe, 219 rue
Saint-Honoré, chez Portalier
Où la clientèle se rue
Que vous, Strophe, à sa porte alliez.

7

Plombières.
Le docteur Leclère
Va nous rendre quitte de maux
Méry dont le sourire éclaire
Ses établissements thermaux.

8

Cherche, albatros, plume chenue
Ta volière à l'abri des vents
Quatre-vingt-dix-neuf avenue
Malakoff, chez Monsieur Evans.

9

Monsieur le Maire Beurdeley
Esprit rare, très aimable homme
Au soixante-quatre se plaît
Rue aussi la mienne de Rome.

IX. DIVERS

1

Vers, s'il se peut qu'en son buvard
Madame Seignobos vous glisse
Au 133 Boulevard
Saint-Germain, volez, tout délice.

2

La ronde d'enfants exaucée
S'ébat quand Madame Greiner
Au trente-neuf, dans la Chaussée
D'Antin, frappe ou gazouille un air.

3

A Willy Ponsot qu'on estime
De profil et même de dos
Dans l'estaminet maritime
De Honfleur en le Calvados.

4

Cette adresse sitôt écrite
Poste ou je te prends au collet
Soixante-quinze, Marguerite
Libert, rue à côté Nollet.

5

Message sans rien d'attendri
Pour un peu lui faisant la nique
Va chez Monsieur Abel Houdry
A l'École Polytechnique.

6

Par le rail et même en berline
Message heureux si tu revois
La chère Louise Méline
Rue, ô Fontainebleau ! des Bois.

7

Mademoiselle Labonté
Un nom pareil en ce temps-ci
Veut qu'on soit au ciel remonté
Non, rue 8 Stanislas, Nancy.

8

Dans les Vosges.
Piaffe, rue
Mais piéton, arrive, crédié !
Chez Madame Landowers, rue
Thiers, 25, à Saint-Dié.

9

Avec l'aurore glaciale
Vite, chez dame Lebrun, heurte
Au 20 de la Primatiale
Nancy, tout là-bas, dans la Meurthe.

X. QUELQUES DAMES

1

Poste dont le soin diminue
L'espace, vole au manoir sis
En toute verdure, Avenue
Du Bois-de-Boulogne, vingt-six.

2

Mademoiselle Ponsot, puisse
Notre compliment dans sa fleur
Vous saluer au Châlet Suisse
Sis route de Trouville, Honfleur.

3

Madrigal ou bien homélie
Rue, au soixante-neuf, Truffaut
Porte ce pli chez Amélie
Pellerin, bonhomme, il le faut.

4

Rue, au 8, de la Barouillère
Sur son piano s'applique à
Jouer, fée autant qu'écolière
Mademoiselle Wrotnowska.

5

Toute, et son rire, disparue
Gabrielle Wrotnowska fuit
Comme dans un souvenir, rue
Très loin de la Barouillère huit.

6

Ma lettre, ne t'arrête qu'à
La main petite et familière
De Gabrielle Wrotnowska
Rue, huit seul, de la Barouillère.

7

Rue, ô jeux ! de la Barouillère
Huit, Gabrielle Wrotnowska
Emplit une antique volière
De son rire d'harmonica.

8

Mademoiselle Mélanie
Laurent verse un thé de minuit
Dans le Saxe qu'elle manie
Au dit de la Barouillère huit.

9

Par la bise transi, pauvre homme
Ou si tu les connais, charmé
Rue, au 89, de Rome
Va chez Mesdames Mallarmé.

[AUTRES QUATRAINS-ADRESSES]

1

Je te lance mon pied vers l'aine
Facteur, si tu ne vas où c'est
Que rêve mon ami Verlaine
Ru' Didot, Hôpital Broussais.

2

Ce mot qui, sur elles, planait
A Portrieux, la Roche Plate
Retraite des Dames Manet
Dans les Côtes-du-Nord, éclate.

3

Leur lévrier industrieux
Aux Dames Manet va remettre
— Côtes-du-Nord, à Portrieux
La Roche-Plate — cette lettre.

4

A Dupray le peintre apparue,
Ma lettre tu raviras cet
Homme charmant travaillant rue
D'Amsterdam, soixante-dix-sept.

5

Clermont-Ferrand du Puy-de-Dôme —
Matin, discrètement mets-l'y,
Cette missive presque un tome
Pour Hector Giacomelli.

6

Facteur qui de l'État émanes
C'est au neuf que nous nous plaisons
De te lancer, Boulevard Lannes,
A la seule entre les maisons.

7

Facteur, tends ce mot honorant
Le jour du Quinze-Août qui t'amène,
A Madame Méry Laurent
Royat (dans sa Villa Romaine).

8

Sous son bois de pins odorant,
Va, dans les menthes et les sauges,
Trouver Dame Méry Laurent,
Grands Hôtels, à Plombières, Vosges.

9

Victor Margueritte. On t'enjoint,
Poste, de le prendre en ta nasse
Rue, est-ce Bellepêche ? point
Mais quarante-deux Bellechasse.

10

Missive en sourires confite,
Pars du doux coin vert qu'elle aima,
Quarante-sept, rue oui Laffitte
Chez Mademoiselle Abbéma.

11

Monsieur Vanier, éditeur neuf
Venu pour subjuguer la foule
Habite numéro dix-neuf
Quai Saint-Michel, où de l'eau coule.

12

A toutes jambes, Facteur, chez l'
Éditeur de la décadence,
Léon Vanier, Quai Saint-Michel
Dix-neuf, gambade, cours et danse.

13

Chez Mademoiselle Augusta
Holmès, rue, environ quarante,
Juliette Lamber (reste à
Dire qu'elle est des Dieux parente).

14

Papier, si tu ne te repais
Des espoirs les plus décevants,
C'est rue, au quinze, de la Paix
Qu'on te dépliera, chez Evans.

15

Chez Siredey, volez, vingt-trois
Rue élégante Saint-Lazare
C'est le Docteur en qui je crois
Il guérit plus d'un mal bizarre.

16

Madame Madier qu'on fréquente
Trop peu. Lettre, vole jusqu'où
Brille le numéro cinquante
Rue, ô délices, de Moscou !

17

A Madame Durand je baise
La main.
Vite facteur debout
Qu'on le dise au soixante-seize
Rue aux maisons hautes Taitbout.

18

A sa vitre apparue,
Mon amie Aline Grignon
Te guette, au 4, de la rue
Nollet, ô message mignon.

19

Nancy, facteur.
Nous nous plaisons
A t'envoyer chez Adolphine
Godfrin, faubourg des Trois-maisons
Que recouvre la neige fine.

20

Quarante-neuf rue Ampère
Madame, Madame Allys
Arsel, une qui tempère
Le diamant par des lys.

21

Princesse Poniatowska
Traîneau — vingt-deux Avenue
Du Bois et ne pense qu'à
Rayer la glace chenue.

22

Tire de ton sac à malice
Piéton heureux cette fois-ci
Mes souhaits à Madame Alice
Mirbeau
Carrières-sous-Poissy.

23

Ce mot, veuillez le porter à
Monsieur le Marquis de Trévise
Au 6 Place de l'Opéra,
Club où *Sporting* on devise.

24

Si vous voulez que je ne meure,
Porteurs de dépêche allez vi-
Te où mon ami Montant demeure,
C'est, je crois, 8 rue Halévy.

25

Cet écrit, tu le porteras
Poste, au journal le Télégraphe,
C'est pour Monsieur André Terras
Un nom que la gloire paraphe.

26

Cours, ô mon Désir ! et te rue
Chez tous nos libraires. L'un d'eux
Est Alexandre Souque, rue
De Rome, vers cinquante-deux.

27

A Monsieur Besson (Louis, dis-je,
Pour resserrer de doux liens ;)
Dix, à la feuille qu'il rédige,
Boulevard des Italiens.

28

Venu de mon parc,
Ce message vise
Auguste Neymarck
Dix Cité Trévise.

29

Lettre va, le plus tôt c'est
Le mieux, sans que l'on t'égare
Chez Monsieur Pierre Sosset,
Ruette, Belgique — en gare.

30

La science étant sa geôlière,
Le sage Félix Wrotnowski
Se verse, rue 8 Barouillère,
De l'algèbre pour riquiqui.

31

Oh ! ce bonhomme ! dites qui
C'est. Ni Bossuet ni Molière
Mais Monsieur Jules Wrotnowski
Rue au 8 de la Barouillère.

32

Willy Ponsot est ce jeune homme
Célèbre de face et de dos
Qui croque un cœur comme une pomme
A Honfleur dans le Calvados.

33

A Willy Ponsot célèbre
De profil, même de dos
Comme un délicieux zèbre,
Honfleur dans le Calvados.

34

A Willy Ponsot très notoire
De profil et même de dos
Il habite une périssoire
A Honfleur dans le Calvados.

35

Je dis à Messire Léo,
Taverne Weber en la rue
Royale, sans trop parler haut
Que j'ai de lui l'âme férue.

36

Aux Talus fleurit maint arbuste ;
Je voudrais que vînt sous l'un d'eux,
Rêver *Monsieur Bouillant Auguste*
Rue Oberkampf, soixante-deux.

37

Chez Gaillard, l'homme aux gaietés franches
Qui du rire nous fit cadeau,
Il brûle, avec les cœurs, les planches
Au concert de l'Eldorado.

38

Tiens, facteur, ce mot en la main
Quand Émile Willaume t'ouvre
Au seize, Prêtres-Saint-Germain
L'Auxerrois, derrière le Louvre.

39

Facteurs, relancez 19 rue
Cambacérès l'homme aux abois
De qui toute femme est férue,
Son nom, Henri de Petitbois.

40

Ce carton sans le déranger
Présenté de façon civile
A Monsieur Charles Béranger
Onze, place Vendôme, en ville.

41

Ris, poste ! et ne sois pas bourrue
En jetant ce pli hazardeux
Chez Eugène Geneste, rue
Du Chemin Vert, quarante-deux.

42

Mademoiselle Wrotnowska,
A sa naissance hospitalière
Nulle fée ou don ne manqua,
Rue, au 8, de la Barouillère.

43

Mademoiselle Gabrielle
Wrotnowska : menez, ô maris,
Votre dansante kyrielle,
Rue 8 Barouillère, Paris.

44

Rue 8 de la Barouillère
Mon souvenir évoqua
Sous un rameau de lierre
Gabrielle Wrotnowska.

45

Tout là bas, Muses, vingt-deux rue
Vernier, sous les arbres, je crois,
Dans le silence et l'herbe drue
Vit Camille de Sainte-Croix.

46

Mademoiselle Stéphanie,
Afin d'obtenir d'elle un œuf,
Tortue injustement bannie
Sur le Boulevard Lannes, 9.

47

Monsieur Mallarmé. Le pervers
A nous fuir, par les bois, s'acharne ;
Ô Poste, suis sa trace vers
Valvins, par Avon Seine-et-Marne.

ÉVENTAILS

1

Aile quels paradis élire
Si je cesse ou me prolonge au
Toucher de votre pur délire
Madame Madier de Montjau.

2

Jadis frôlant avec émoi
Ton dos de licorne ou de fée,
Aile ancienne, donne-moi
L'horizon dans une bouffée.

3

Simple, tendre, aux prés se mêlant,
Ce que tout buisson a de laine
Quand a passé le troupeau blanc
Semble l'âme de Madeleine.

4

Toujours ce sceptre où vous êtes
Bal, théâtre, hier, demain
Donne le signal de fêtes
Sur un vœu de votre main.

5

Autour de marbres le lis croît —
Brise, ne commence par taire,
Fière et blanche, son regard droit,
Nelly pareille à ce parterre.

6

Là-bas de quelque vaste aurore
Pour que son vol revienne vers
Ta petite main qui s'ignore
J'ai marqué cette aile d'un vers.

7

Comme la lune l'en prie
Un blanc nuage pour cold
Cream étend la rêverie
De Mademoiselle Hérold.

8

Ce peu d'aile assez pour proscrire
Le souci, nuée ou tabac
Amène contre mon sourire
Quelque vers tu de Rodenbach.

9

A ce papier fol et sa
Morose littérature
Pardonne s'il caressa
Ton front vierge de rature.

10

Avec la brise de cette aile
Madame Dinah Seignobos
Peut, très clémente, y pense-t-elle,
Effacer tous nos vains bobos.

11

Bel éventail que je mets en émoi
De mon séjour chez une blonde fée
Avec cette aile ouverte amène-moi
Quelque éternelle et rieuse bouffée.

12

Aile que du papier reploie
Bats toute si t'initia
Naguère à l'orage et la joie
De son piano Missia.

13

Spirituellement au fin
Fond du ciel, avec des mains fermes
Prise par Madame Dauphin,
Aile du temps, tu te refermes.

14

Palpite,
                    Aile,
                              mais n'arrête
Sa voix que pour brillamment
La ramener sur la tête
Et le sein
                    en diamant.

15

Aile, mieux que sa main, abrite
Du soleil ou du hâle amer
Le visage de Marguerite
Ponsot, qui regarde la mer.

16

Fermé, je suis le sceptre aux doigts
Et, contente de cet empire,
Ne m'ouvrez, aile, si je dois
Dissimuler votre sourire.

17

Fleur, signe et, sur le lac, cygne,
Au son d'Augusta Holmès
Le battement suit la ligne
Du nonchaloir de Mendès.

18

Ô Japonaise narquoise
Cache parmi ce lever
De lune or ou bleu turquoise
Ton rire qui sait rêver.

19

Heureux pour qui, souriante et farouche,
Méry Laurent met le doigt sur sa bouche.

OFFRANDES A DIVERS DU FAUNE

1

Le Faune rêverait hymen et chaste anneau
Sans les nymphes du bois s'il s'avisait d'entendre
Au salon recueilli quand le grand piano
Tout comme votre esprit passe du grave au tendre.

2

Laid Faune ! comme passe aux bocages un train
Qui siffle ce que bas le chalumeau soupire
Vas-tu par trop de flamme empêcher ce quatrain
Maladroit à la taire ou, s'il la disait, pire.

3

Ce Faune, s'il vous eût assise
Dans un bosquet, n'en serait pas
A gonfler sa flûte indécise
Du trouble épars de ses vieux pas.

4

Faune, qui dans une éclaircie
Vas te glisser tout en dormant
Avec quatre vers remercie
Dujardin ton frère normand.

5

Faune, si tu prends un costume
Simple comme les liserons
Dujardin et moi non posthume
Nous te populariserons.

6

Victor, il me plaît, quand j'ouïs
Tes vers, qu'avec éclat renaisse
Sous des bosquets évanouis
Le chalumeau de ma jeunesse.

7

Fallait-il que tu t'assoupisses,
Faune qu'aujourd'hui l'on connaît,
Pour attendre ces temps propices
Avant d'aller chez Baronet.

8

Dupray dont l'esprit aux combats
Comme l'or d'un clairon se dresse
Riez que le Faune très bas
Enfle sa flûte à votre adresse.

9

Satyre aux baisers inexperts
Qui pourchasses outre la brune
La fauve Nymphe, tu les perds
Il n'est d'extase qu'avec une.

10

Sa flûte un peu de côté
Il en joue et se recule
L'espoir de connaître ôté
A qui va cet opuscule.

11

Si peu d'écume sur un golfe
C'est cela ce rire venu
Hors de quelque flûte, ô Rodolphe
Darzens, dans mon silence nu.

12

Pan
tronc qui s'achève en homme
Moins gravement embrassait
Les pipeaux
que je ne nomme
La comtesse de Grasset.

13

Hirsch, poëte, si vous n'aviez
Pour y délivrer la minute
Idéale tous les claviers
Le Faune écouterait sa flûte.

14

Faune
avec ton chant s'il brusqua
Le cours de l'heure qui s'éloigne
Retiens près du Bois de Boulogne
La princesse Poniatowska.

15

Sylvain d'haleine première
Si ta flûte a réussi
Ouïs toute la lumière
Qu'y soufflera Debussy.

16

A motif que sa flûte file
Le Faune heureux le dédia
Sur Hollande au bibliophile
Et haut rimeur Hérédia.

17

Tu peux, Faune, oui c'est l'air
Le jouer à Whistler.

18

Mes pipeaux, je les assemblai
Pour vous les tendre, cher Whibley.

19

Le Faune
avant que de vous lire
Jette ses flûtes pour la lyre.

20

Si la déesse des Talus,
Au blanc poignet que l'été cuivre,
Déménage une fois de plus,
Faune, tu ne pourras la suivre.

21

Faune, Delzant, pour qui nous accordons
La mélodie, ouvrira ces cordons.

22

Cette contrefaçon du libraire Vanier
Est bonne, cher Delzant, à jeter au panier.

23

Blonde au rire pur qu'on écoute
Les yeux par ton charme agrandis
Comment ne pas t'admirer toute
Toi qui chantes et resplendis !

24

Faune, enfle *hodie non cras*
Ton chalumeau chez Marras.

25

Faune, qui te plaignais, ne sois plus assailli
Par le long désespoir de manquer à Bailly.

26

Songeuse, éternelle, natale
Et sans questionner : ousqu'est
Ma lyre — lui-même l'exhale
Cet Emmanuel Delbousquet.

27

Saint Paul non plus que toi faune
Ne file les vers à l'aune.

PHOTOGRAPHIES

1

Un mot, au coin, que j'avertisse.
La dame qu'ici vous voyez,
Dans les fresques du Primatice
A des cheveux blonds déployés.

2

Blanche japonaise narquoise
Je me taille dès mon lever
Pour robe un morceau bleu turquoise
Du ciel à quoi je fais rêver.

3

Folle robe d'une péri
Et dedans plus féerique encore
Pour les changer en soi Méry
De nos chimères se décore.

4

Cette dame a pour nom Méry
Et tient de tout juste balance
Déjà son sourire a guéri
Le mal que son regard te lance.

5

Très fidèle à mes amitiés
Dans un bleu reflet qui s'argente
Sous un, si vous en doutiez !
Que ma robe seule est changeante.

6

Avec ce mutin casque blond
C'est votre oubli que je défie
Et j'offre à ceux qui déjà l'ont
Dans le cœur, ma photographie.

7

Je ne sais pourquoi je vêts
Ma robe de clair de lune
Moi qui, déesse, pouvais
Si bien me passer d'aucune.

8

L'image du faiseur de vers
Se montre à souhait réussie
Pour peu qu'elle passe à travers
Les yeux de Madame Lucie.

9

Quelqu'un par vous charmé
Stéphane Mallarmé.

10

Voici du couple la meilleure
Moitié qu'aucun blâme n'effleure.

DONS DE FRUITS GLACÉS AU NOUVEL AN

1

Ces vils fruits ne sont que mensonge
Pour un œil ravi d'épier
Tout l'éclatant jardin du songe
Qui mûrit sur votre papier.

2

Hier, voyez-la ! demain
Du clavecin elle écoute
Chanter le bois surhumain
Et, songeuse, ne se doute
Qu'un fruit d'or tombe en sa main.

3

Ces vers qui se ressembleront !
Prêtez-leur la voix spontanée
De dire, moins que votre front,
Le mensonge de toute l'année.

4

Ce papier, comme si Dauphin
Y piquait mainte tache noire !
Pour vous, témoin discret et fin,
Cache le fruit couleur de gloire.

5

Je ne crois pas qu'une brouette
D'espoirs, de vœux, de fleurs enfin
Verse à vos pieds ce que souhaite
Notre cœur, Madame Dauphin.

6

Ces fruits ! Aimez que je les cueille
Désignés par votre doigt fin
Comme ceux dont la verte feuille
Sied au front sacré de Dauphin.

7

Ce même fruit d'aucun automne
Il porte à Madame Dauphin
Encore notre monotone
Souhait et ce n'est pas la fin.

8

Loin d'aucuns palmiers ou du cierge
Que l'aloës érige fin
Ce fruit tombe chez la concierge
Des houris et dames Dauphin.

9

Trois sœurs, chacune se dispute
A son tour que vous la baisiez,
Votre rire est la même flûte
Que jadis venant de Béziers.

10

A courber le rameau superbe
Vers votre front au pur souci
Vous laissâtes choir parmi l'herbe
Le fruit ramassé que voici.

11

Ce bon Dauphin ne s'embarrasse
Deux peignent
une chante
mais
Leur maman partage la grâce
A table comme un entremets.

12

Je regrette les quatre ensemble
La maman subtile à ranger
Son trio dont elle est l'exemple
Non loin de la fleur d'oranger.

13

Le piano tendra son aile
Suave de grand séraphin
Que chaque fille maternelle
Y berce Madame Dauphin.

14

Berger de deux seules ouailles
Dauphin, ramasse pour leurs jeux
Souriant partout que tu ailles
Ces fruits sur le givre outrageux.

15

Rien, je n'ajouterai pas d'autre
Souhait que de vous en tenir
A cette attitude, la vôtre
Jeunesse et déjà souvenir.

16

Ô belle chanteuse, ces pommes
Que l'Aube aime à colorier,
Il faut, absurdes que nous sommes,
Pour vous les cueillir au laurier !

17

Elle a beau faire la chouette
Et claquer de son bec d'enfant,
Augusta sait qu'on lui souhaite
Ce qu'aux autres elle défend.

18

Sous un hiver qui neige, neige,
Rêvant d'Édens quand vous passez !
Pourquoi, Madame Madier, n'ai-je
A donner que des fruits glacés...

19

Sur l'An j'ouïs une alouette
Éparpiller comme un joyau
Des rires que je vous souhaite
Madame Madier de Montjau.

20

Avec mon souhait le plus tendre,
Comme il sied entre vieux amis,
Dans cette main qu'on aime à tendre
Je dépose le fruit permis.

21

Malgré la neige qui me fouette
Le front, comme aux temps les plus beaux
Je viens en ami qui souhaite,
Chère Madame Seignobos.

22

Comme un délicieux effet
Ou, je dirai plus, en échange
Du soleil que votre cœur fait
Considérez la fauve orange.

23

Vite renoncez l'Ardèche
Autrefois qui nous fit siens
Le cher vent, la branche sèche
Pour les fruits parisiens.

24

Le médicament le meilleur
Qu'un « oïczé » puisse prescrire
A mes yeux las de vieux veilleur
Est de revoir votre sourire.

25

L'an nouveau qui vous caressa
Toujours la même sans rature
Apporte aussi ce fruit et sa
Monotone littérature.

26

Si par un regard de fée haute
Ou lasse seuls voilà mangés
Mes fruits constants, c'est votre faute
A vous qui non plus ne changez.

27

Avec ta queue en girouette,
Léo, pendant que tu t'assois,
Dis les choses que je souhaite
De loin à Madame François.

28

A celles dont il se moquait
Quand il s'évada pour être ange
Le défunt petit perroquet
Jette de là-haut cette orange.

29

Les seuls fruits d'or sont où vous êtes ;
N'allez pas vous enfuir demain,
Et le ciel reprendra ses fêtes
Sur un geste de votre main.

30

Grâce aux fruits humble stratagème,
Amie on peut nous envier
Un souhait proféré le même
Depuis tant de premiers Janvier.

31

Que ce fruit toute la Provence
A Paris goûté par Gina
Lui semble quelque redevance
Au beau ciel qui l'imagina.

32

Ce fruit à quelque arbre confit
Cueilli par un sylphe ou tout comme
Exprime les souhaits qu'on fit
Pour vous rue ici près de Rome.

33

Qu'une Année au léger vol
Comme étrennes apparie
Repos ou santé pour Paul
Et le rire de Marie.

34

Le souci qui toujours varie
L'an nouveau saura l'apaiser
Si Claire aux deux fronts de Marie
Et de Paul met son clair baiser.

35

Tors et gris comme apparaîtrait
Miré parmi la source un saule
Je tremble un peu de mon portrait
Avec Mademoiselle Paule.

36

N'allez pas, en le fuyant, Paule,
Même par vagabonde humeur
Tourner une jolie épaule
Au vieil hommage du rimeur.

37

Notre demoiselle Patronne
Le regard limpide et rieur
Verse dans ce qui l'environne
Son charmant être intérieur.

38

Julie avec un front neigeux
Enfant porte la double étoile
Elle qui délaisse en ses jeux
Le violon pour une toile.

39

Fuir la banquise et l'avalanche
Julie ou les froids imprudents
Il suffit pour demeurer blanche
De votre candeur au-dedans.

40

Le noble Berger qu'on attend
Louera Julie en fin de compte
De ne s'informer s'il a tant
Ou même les perles de comte.

41

Mademoiselle Jeannie est
Avant même que j'ose écrire
Celle-là qui me rend niais
Par le silence de son rire.

42

Sur le chignon blond de Jeannie
Un diamant scintille à nos
Regards quand avec le génie
Elle dompte les pianos.

43

Comme elle casqué de lumière
Quand viendra l'archer pour Jeanny
Des trois je sais la première
A ne pas répondre nenni.

44

L'hiver
                    vous bravez la neige
Glace les fruits imprudents
Que contre elle ne protège
Pas une flamme au-dedans.

45

Touchez à l'heure poursuivie
Fructidor avec Messidor
Où Qui fut constante à la vie
En devine choir les fruits d'or.

46

Se souvenir désaltère
Comme un fruit tard enfermant
L'émoi de notre parterre
Avec Madame Normant.

47

Soyez la Prieure obéie
Dans ce gré charmant que plusieurs
Vous érigent une abbaye
De leurs élans intérieurs.

48

Mieux vaudrait ne pas écrire
Sur des bonbons vils qu'on sert
A celle-là dont le rire
Franc est lui seul un concert.

49

Mûris en azur barbaresque
L'envoi n'est pas ce que je veux
Acceptez des fruits couleur presque
De la gloire et de vos cheveux.

50

Vanité le verger qui dore
Tel fruit ou le glace aux hivers
L'heureux Rodenbach sait enclore
Sa Vie entre vous et des vers.

51

Remplace-nous, improvise
Congrûment, Monsieur Tintin
A ces bonbons leur devise
— Autre rimeur galantin.

52

Mil huit cent quatre vingt neuf
Ne saurait sans un blasphème
Exprimer de souhait neuf
A vous, Madame, la même.

53

Chaque gracieuseté qu'on fit
Se change l'hiver en fruit confit.

54

Le Temps
nous y succombons
Sans l'amitié pour revivre
Ne glace que ces bonbons
A son plumage de givre.

55

Aujourd'hui l'amitié triche
Comme un crabe nous voulons
Que cet An de la bourriche
Pour vous sorte à reculons.

56

L'hiver qui brille aux châtaigniers
Sème les marrons froids s'il vente
Sans que vous-même n'éteigniez
Les feux de l'amitié fervente.

57

Pâris qu'un jugement décore
Présenterait sur le chemin
Vers vous belle et plus simple encore
Une pomme de chaque main.

58

Un an qui succède à l'autre
Toujours nous tend
pensez-y
Ce fruit par le froid saisi
Comme mon cœur ni le vôtre.

59

Avec sa chute factice
Au ras du verger distant
Ce fruit
Madame
Avertisse
Qu'à vous une main se tend.

60

Votre jardin, Mai me l'apprit
Et malgré que la brume y traîne,
J'aime les retours en esprit
A Bourg dont vous êtes la Reine.

61

Un parisien compliment
Dans ses oranges on insère
A vous ici tout uniment
Redevenus des fruits de serre.

62

Sur un rameau vers vous incliné par Marie
Pas plus que l'amitié ce fruit d'or ne varie.

AUTRES DONS DE NOUVEL AN

1

Éva princesse ou métayère
Allumeuse du divin feu
En y posant cette théière
Saura le modérer un peu.

2

Clair regard furtif sur soi-même
Ce miroir vous l'enfouirez
Dans quelque robe rose ou crème
Sitôt vos cheveux admirés.

3

Cet humble miroir s'ennuyait
De ne refléter ton visage
Ou, par la fenêtre, en Juillet
Quelqu'autre moins doux paysage.

4

Ta lèvre contre le cristal
Gorgée à gorgée y compose
Le souvenir pourpre et vital
De la moins éphémère rose.

5

Lilith confie à votre soin
Ce rejeton qu'elle fit naître
Pour qu'assis dans un petit coin
Ainsi vous revoyiez son maître.

6

Mon très vieux cœur ne dissimule
Ici l'espoir que vous groupiez
Au gré de l'une ou l'autre mule
La braise éparse sous vos pieds.

7

Acclamez d'un petit bruit d'aile
Son nez qui jamais ne prisa,
Mouchoirs, sans cacher le fidèle
Sourire de notre Élisa.

8

Quand s'approchera de son nez
La batiste qu'elle déploie,
Mouchoirs, pour Élisa sonnez
Toute une fanfare de joie.

9

Si vous faites naufrage, Élisa, tout nous sert,
Agitez ces mouchoirs sur un îlot désert.

10

Celle ici qui ne prisa
Que l'amitié simple et franche
Veut pour son nez
Élisa
Une pure toile blanche.

11

Mieux vaut sécher le coryza
Que des larmes, bonne Élisa.

12

Lisa
que votre nez répète
Le salut dans chaque mouchoir
D'une impartiale trompette
A l'an qui se lève ou va choir.

13

Quoique à ses pieds une sultane
Ensemble n'en voie autant choir
Lisa, recevez de Stéphane
Mallarmé maint et maint mouchoir.

14

Ces mouchoirs un peu trop donnés
Lisa souriante sans cesse
Ne les approchez pas du nez
Qui manque à la jeune Princesse.

15

Respirer à chaque bouchée
De ce gâteau qu'on entama
Si l'on ne veut être couchée
Avec du mal à l'estomac.

16

Ce poème devenu prose,
Comme tout se passe à l'envers !
Moi qui devrais pour chaque rose
Ne vous renvoyer que des vers.

17

Sur Pégase si bien en selle
Où que vous jette son élan
Restez Bibi, Mademoiselle
Julie, avec le nouvel an.

18

Ici même l'humble greffier
Atteste la mélancolie
Qui le prend d'orthographier
Julie autrement que Jolie.

19

Julie ou Bibi du Mesnil
Rêvant à l'endroit nommé cieux
Ne méprisez ni le nez ni l'
Hommage ému de vieux messieurs.

20

Celle qui sous le ciel si vite
Atteint une exacte hauteur
Fleurit, svelte lys et n'évite
Qu'à son pied reste le tuteur.

21

Julie, avant que ne se fixe
Sur chaque page votre œil clair
Suivi de vos cheveux de nixe,
Interrogez Monsieur Mauclair.

22

Le rire trop prompt à se taire
Dont votre air grave est diverti
L'ombrage d'un autre mystère
Que le seul chapeau Liberty.

23

Sois correct, une étude sûre
Y mène, Jacques, ô farceur,
Tu tireras avec mesure
Les cheveux naissants de ta sœur.

24

Jacques le compagnon, superbe, aîné, chasseur
Ne médis pas du Ciel qui commande : Et ta sœur ?

25

Je te donne, Jacques, l'ami
Les premiers pas de Franc-Lamy.

26

L'an a changé de chemise
Ainsi dans un geste fier
Méry garde la main mise
Sur tous ses trésors d'hier.

27

Tu changes d'an comme de robe
A ta toilette met la main
Ce Quatre-vingt-seize dont l'aube
N'est pas celle d'un lendemain.

28

Sans les mettre dans vos souliers
Comme Noël aux châtelaines
Déesse, il sied que vous fouliez
De votre pas nu ces fleurs vaines.

29

Ne t'inquiète pas ! Souci,
Hasard, tout un an je souhaite
Que rien n'étonne ton sourcil
Vaste comme un vol de mouette.

30

Sois chez Madame Normant
Peut-être un parfum qu'elle aime
Humble bouquet ne formant
Ce souhait que pour toi-même.

31

L'an s'en va quoique Whistler nie
Ou par Vous on sache oublier
Sourire
grâce
autre Génie
De renverser le sablier.

32

Nos vœux
flûte vaine ou le vent
Je les tairai
Whibley préfère
Vous veniez joyeuse au devant
Du seul souhait que je peux faire.

33

Quelque hiver sur mon front morose
Un flocon de neige creva
Que de l'ongle mutin et rose
Vous seule dispersez, Éva.

34

Année attends pour y naître
Ses mains réchauffant ton vol
Madeleine à la fenêtre
Du somptueux entresol.

35

Sourire et jeunes parfums
Vous dites très haut : Que n'ai-je ?
Et des almanachs défunts
Aussi faites une neige.

36

Qui vogue sur les flots ? ohé !
C'est l'Arche de Monsieur Noé.

37

Rose ! je deviens Céladon
Aux pieds de Madame Redon.

38

Chaque fleur rêve que Madame Alice
Cazalis va respirer son calice.

39

Je fais ce don, si votre amitié l'accueillait.
Que mon sourire ici brille dans chaque œillet.

ŒUFS DE PAQUES

1

Ces œufs, Madame, vous pouvez
Faire qu'en ce Dimanche insigne
Par votre tournure couvés
Ils s'envolent paon blanc ou cygne.

2

La grâce dont tu te moques
De mon baiser louangeur
Mieux que ces œufs et leurs coques
Sait exclure la rougeur.

3

Crains que Pâques tôt reparu
Avec les frimas n'enlumine
Comme ces œufs au rouge cru
Méry ta délicate mine.

4

Vers brûlants et sages proses
Si jamais tu le voulais
Mieux que de ces coques roses
Je puis tirer des poulets.

5

Si tu couves ces quelques œufs
Rouges de la faveur insigne
Je m'attends qu'il éclora d'eux
Parmi les petits paons un cygne.

6

Que le hâle s'il se joue
Dans le feuillage trop neuf
Épargne à ta jeune joue
Le rouge cru de cet œuf.

7

Je n'ai pas pour petite mère
Une amitié éphémère.

8

Pâques apporte ses vœux
Toi vaine ne le déjoue
Au seul rouge de ces œufs
Que se colore ta joue.

Au seul rouge de ces œufs
Que se colore ta joue
Pâques apporte ses vœux
Toi vaine ne le déjoue.

Que se colore ta joue
Au seul rouge de ces œufs
Toi vaine ne le déjoue
Pâques apporte ses vœux.

Toi vaine ne le déjoue
Pâques apporte ses vœux
Que se colore ta joue
Au seul rouge de ces œufs.

FÊTES ET ANNIVERSAIRES

1

Cette fleur ! il t'est permis
Quand, massepain ou mauviette,
Tu dévores ton salmis
De te mirer en l'assiette.

2

A nos souhaits pour Marie
Qui ne sont pas très méchants
Cet humble bouquet marie
Les diverses fleurs des champs.

3

Avec les fleurs et les joncs
De la rivière tarie
Indignement nous songeons
Toute à te fêter, Marie.

4

Ces roses, muettes pour dire
Notre absence, elles du moins
A lui pareilles sont témoins
De votre conjugal sourire.

5

J'offre en une humble rime écrite
A Madame Ponsot, Honfleur
Son nom de reine-Marguerite
Elle-même restant la fleur.

6

Avec ceux des fillettes veuille
Notre joyeux souhait d'un saut
Choir, écume aussi qui s'effeuille,
Aux pieds de Madame Ponsot.

7

Qu'elle range, sourie ou rie
Voilà bien Madame Ponsot
Appelée aujourd'hui Marie
— Une rose sous un gâteau.

8

On fêterait jusqu'à cent
Ans, selon le même rite,
Lui riant et l'embrassant,
Notre chère Marguerite.

9

Que le bon feuillage abrite
En lui tendant une fleur
Notre chère Marguerite
Toute seule près d'Honfleur.

10

La même fleur jamais fanée
Celle de notre sentiment
Renaîtra pour vous chaque année
Madame Ponsot, gentilment.

11

En Willy sourit sa maman —
Autour de la nappe fleurie
Fêtons avec ce gentleman
Une heureuse Sainte-Marie.

12

A qui par un regard charmant
Même eût-elle ses lèvres closes
Lance alentour le diamant
On ne peut donner que des roses.

13

Samois jubile comme Honfleur
L'une à l'autre Marie envoie
Avec la même absente fleur
Un souvenir tendre de joie.

14

Toi les merles, moi la mouette,
Sous ces oiseaux correspondons
Aujourd'hui je ne souhaite
Rien à qui détient tous les dons.

15

Voici la date, tends un coin
De ta fraîche bouche étonnée
Où la nature prend le soin
De te rajeunir d'une année.

16

Cette fleur comme toi la même chaque année
Est mon remercîment, Méry, que tu sois née.

17

Paon, nous voici par la merveille
De ton beau rire et du printemps
Ramenés tous deux à la veille
Du jour où tu n'as que vingt ans.

18

Un an de moins, mignonne, est traître
Au retour de chaque printemps,
Tu finiras par disparaître ;
Il faut t'arrêter à vingt ans.

19

Tu choisis ton temps pour renaître !
Tout, de la fleur ivre et debout
Jusqu'au rayon de la fenêtre,
Sourit, et tu fais comme tout.

20

Avril qui rouvre les Talus
Même avec ses grêlons n'empêche
De fleurir la pomme ou la pêche
Et toi-même une fois de plus.

21

Ouverte au rire qui l'arrose
Telle sans que rien d'amer y
Séjourne, une vivace rose
De jardin royal est Méry.

22

Sous ses cheveux de lumière
J'aime aussi Méry Laurent
Elle-même la première
Avec raison s'adorant.

23

Méry
        l'an pareil en sa course
Allume ici le même été
Mais toi, tu rajeunis la source
Où va boire ton pied fêté.

24

Plus rapide à tire-d'aile
Que lui de prendre le train
Un heureux baiser fidèle
Devancera mon quatrain.

25

Août la dore et la duvette
Faut-il, ô dents, que vous n'alliez
Savoureuse, odorante, prête
Mordre la pêche aux espaliers !

26

Voici la fleur que j'ai prise à
La main fidèle d'Élisa.

27

Stéphane Mallarmé
Accorde sa mandoline
Pour fêter Sainte-Pauline.

28

Sans autre souhait de perruche
Tiens, pour ta fête cette ruche.

29

Pour ta fête aujourd'hui reçois
Un baiser, mon ami François.

ALBUMS

1

Cette ondine sous son bonnet
Ciré, mouillant un frais visage,
C'est Étoile que reconnaît,
Chaque été, notre paysage.

2

Tout le vent qui gonfle la voile
Sera de désirs obéis
Et que se lève votre étoile
Au phare de chaque pays.

3

Que la Dame soit en joie
Sous cette pierre j'ai mis
Le vœu que son toit festoie
Toujours les mêmes amis.

4

A l'oubli tendre défi d'ailes
Les instants qu'ils nous ont valus
Attardés, inquiets, fidèles
Voltigent autour des Talus.

5

Ma Méry pour faire semblant
Dans une piscine éternelle
Trempe son pied au reflet blanc
Mais la source jeune est en elle.

6

Les notes que vers le ciel proche
Émet Madame Degrandi
Me semblent de cristal de roche
Plutôt que de sucre candi.

7

Ami de notre Amie, on est
Le vôtre et voilà qui me tente ;
Déjà mon esprit vous connaît
Au travers de sa voix chantante.

8

Que Charlotte Aurélie ou Claire
Prenne vers vous la clé des champs
Pour sourire, danser ou plaire
Je l'approuve mon cher Deschamps.

9

Un beau nom est l'essentiel
Comme dans la glace on s'y mire
Céline reflète du ciel
Juste autant qu'il faut pour sourire.

10

Mon cher Émile
On s'attache
A qui longtemps vous tondit
Ou frisa votre moustache
D'un coup de fer inédit.

11

Tranquille si mon canot penche
Jeanne regarde avec l'esprit
Surgir épanouie et blanche
Une fleur d'eau qui me sourit.

12

Vol très haut du vers devant
Son souhait, faut-il conclure
Qu'aime à te suivre en rêvant
Miss Emeline L. Maclure !

13

Un rossignol aux bosquets miens
Jette sa folle et même perle
Il prélude et je me souviens
De Mademoiselle Diéterle.

14

Cet honnête petit soldat
Le front penché sur votre épaule
Comme je voudrais qu'il gardât
Un souvenir exquis de Paule.

DÉDICACES, AUTOGRAPHES, ENVOIS DIVERS

1

Polichinelle danse avec deux bosses, mais
L'une touche le sol et l'autre l'Empyrée :
Pour ce double désir âme juste inspirée,
Vois-le qui toujours tombe et surgit à jamais.

2

Vol sombre ! autrement qu'un présage
Va t'abattre chez le devin
Solitaire du paysage,
Mon ami Francis Poictevin.

3

Aux encans où l'or aime braire,
Le prodigue Darzens a beau
S'exténuer comme un libraire
Je lui signe, moi, ce *Corbeau.*

4

Mes vers joyeux dans tout ceci
De briller par l'or de ta rente,
Ô Rodolphe Darzens merci,
Te proclament un des Quarante.

5

Louÿs, ces vers recopiés
Ô svelte enchantement, la Stance
Fleurit et rit mieux de ses pieds
Que dans une autre circonstance.

6

Louÿs
ta main frappe au
Sépulcre d'Edgar Poe.

7

Sois, Louÿs, l'aile qui propages
A quelque altitude ces Pages.

8

Vous me prêtâtes une ouïe
Fameuse et le temple ; si du
Soir la pompe est évanouie
En voici l'humble résidu.

9

Muse, qui le distinguas,
Si tu savais calmer l'ire
De mon confrère Degas,
Tends-lui ce discours à lire.

10

Tant que tarde la saison
De juger ce qu'on fait rance,
Je voudrais à sa maison
Rendre cette conférence.

11

Orateur, comme à mes débuts
Vous tendîtes un charmant piège !
Je rêvai, je parlai, je bus
Avant que d'endoctriner Liège.

12

Offre à sa vision amie un promenoir
Mainte page du livre illustré par Renoir.

13

Whistler
selon qui je défie
Les siècles, en lithographie.

14

Préfère chanter *Au clair*
De la lune, ô Florilège !
A rien d'autre si Mauclair
N'accorde son privilège.

15

Attendu qu'elle y met du sien
Vous feuillets de papier frigide
Exaltez moi musicien
Pour l'âme attentive de Gide.

16

Exultez le temps mes vers
Que vous accorde une œillade
Bénigne et pas de travers
Le princier Laurent Tailhade.

17

Ô Muse pas plus au jardin
Natal tu n'es ensevelie
Que chez le très cher Frantz Jourdain
Il lit les vers et les relie.

18

Gracieuseté touchante
Que soit gardé comme sien
Ce livre qui tout bas chante
Par Fabre, musicien.

19

Amandine envers vous ou Jeanne
Comme je me sens endetté
Que nul de mes vers n'enrubanne
L'Ouvreuse du Cirque d'Été.

20

Mars vient ou tantôt pleut et neige
La lune au carreau minaudait
J'écris avec le privilège
De Madame Alphonse Daudet.

21

Livre, fusses-tu somnifère
Ne change en Belle au bois dormant
Celle qui ne saura mieux faire
Que rester Madame Normant.

22

Livre tu t'en vas parmi
Les nymphes chez Franc-Lamy.

23

Amusez-vous du *Conte Arabe*
Moi, me voici devenu crabe.

24

Scribe élégant mais trahi, j'en
Ressens du noir et le triture,
Et montre pour vous ici, Jean
Ajalbert, ma vraie écriture.

25

Comme un bassin dore l'éclat du marronnier
Automnal j'élis pour lecteur Jules Bonnier.

26

Je dis
        comme *gentleman*
Speaker
        A Monsieur Metman.

27

Tant de luxe où l'or se moire
N'égale pas, croyez-m'en,
Vers ! dormir en la mémoire
De Monsieur Louis Metman.

28

Le pleur qui chante au langage
Du poëte, Reynaldo
Hahn tendrement le dégage
Comme en l'allée un jet d'eau.

29

Le Vers ici se déclare
Satisfait moins des papiers
Que d'élire un écho rare
Comme est Monsieur de Clapiers.

30

Ceci, Seigneur, est mon livre de messe
Où je vous nomme et vous prie en latin
Afin qu'au ciel, dont je fus la promesse,
Triomphe tard mon regard enfantin.

31

Pieux livre qui ne sermonne
Mais il dit : Priez et joignez
Vos mains de petite Simone
Vers les cieux jamais éloignés.

32

Ployé devant la Vierge élue
Un ange autrefois la pria
Avec ces mots je vous salue
Marie, en latin Maria.

33

Mon regard songeur au-dessus
Du saint texte qu'il abandonne
Pour séduire l'enfant Jésus
Je lève un profil de Madone.

34

Tout en les éternisant
Bracquemond ici fait vivre
Les traits d'Alidor Delzant
A nous ouvert comme un livre.

35

Ci-gît le noble vol humain
Cendre ployée avec ces livres
Pour que toute tu la délivres
Il faut en prendre un dans ta main.

36

Ici le feu pour renaître
Tantôt durable ou charmant
Comme l'amitié du maître
Mêle le chêne au sarment.

37

Vous n'avez pas su nos
Exclamations : Qu'est-ce ?
Avant tant de pruneaux
Savourés dans leur caisse.

38

Vole, avec ce qui t'environne,
A Paraÿs, Lot-et-Garonne,
Notre cœur, qui n'es pas pris qu'aux
Séductions des abricots.

39

Abondez, hôtes, ô cohorte
Tous l'un selon l'autre jaillis
Tandis qu'au gré de cette porte
Paris jalouse Paraÿs.

40

Si je suis cocodès
C'est la faute à Mendès
J'ai des poux par milliers
C'est la faute à Villiers.

41

Puisque, sirène autant qu'ondine,
La dame aux yeux point superflus
Ordonne qu'avec elle on dîne,
Soit : mais sans faire un plat de plus !

42

Que cette dame savante
A sourire au palanquin
Bas avec nos mots évente
L'après-midi du Tonkin.

43

N'allez si vers la main pend
Quelque fruit pour un partage
L'offrir vous interrompant
Édouard ceint le seul feuillage.

44

Si tout nous cache les Roujon
Depuis la Toussaint jusqu'à Pâques,
Notre carte à la main, bougeons !
Sauf avis contraire de Jacques.

45

Fortune, entre les houris
Pour le seul rimeur salaude
Bientôt si tu me souris
J'irai voir Monsieur Grosclaude.

46

Si l'on bâille ainsi souvent
De matines jusqu'à laudes
C'est que dans notre couvent
Se trouvent peu de Grosclaudes.

47

Golconde illumina toute l'Inde, mais l'Aude
A Carcassonne ; ici je rencontre Grosclaude.

48

Nom comme pour étinceler
Aux immortels dos de basane,
Tard avec mon laisser-aller
Je vous salue, Octave Uzanne.

49

… Ainsi qu'une fontaine à la fois gaie et noire
Étincelle de feux, se cache sous le pin
Coule et veut être celle où la brise ira boire,
Un sanglot noté par Chopin.

50

Un rêve m'étreint sous sa griffe
Et j'ai, toujours sans dormir, beau
Cajoler ce vain hippogriffe,
Il m'éloigne des chers Mirbeau.

51

Quelque an vierge se fait attendre
Décembre seul cesse
voici
Que j'embrasse comme pain tendre
Les deux bonnes gens de Poissy.

52

Mai dont le rayon ne dure
Pour qu'il éblouisse l'air
Mêle l'art à sa verdure
Et joint au printemps Whistler.

53

Le doigt levant une tenture
De soie heureuse ou de damas
J'écoute la bonne aventure
Que vous chuchote ce Christmas.

54

J'atteste ici pour votre œil enchanté
Que James est en parfaite santé.

55

Lettre, il faut que tu t'antidates
Pour ne trop tard conter qu'on n'est
Avec ou sans caisse de dattes
Pas plus charmant que Baronet.

56

Je vous souhaite un bonheur neuf
En 1889.

57

J'ai mis
        ma chatte ronronnait
Ce mot pour le cher Baronet.

58

J'ai mis
        que n'est-ce dans l'airain
Ce mot au cher chanoine Rain.

59

J'ai mis
        Aquilon sois clément
Ce mot-ci pour Pierre Normant.

60

Ayez l'authenticité d'un chèque
Tous mes chers souhaits de l'an pour Becque.

61

Ce point, Dujardin, on le met
Afin d'imiter un plumet.

62

Du vin, que Redon
Chante un gai fredon.

63

Je conduirai Redon
Jusqu'à son édredon.

64

A Samois, non loin de Bourges
J'aimerais planter des courges.

65

Mademoiselle Moreno
Venez ici même en traîneau.

66

Que ce cher Monsieur Marcel Schwob
Éperonne vers nous son cob.

67

Avec l'éditeur Deman
On n'a pas d'emmerdement.

68

Ma sympathie anticipa
Sur notre rencontre Cipa.

69

J'ai comme on se livre à des vins
Puissants, négligé maint vieux tome
Avec les roses de Provins
Que me donne Louis Antheaume.

70

Aujourd'hui ce militaire
Prodigue les noms de noms
Verbalise et réitère
Qu'à dîner nous vous tenons.

71

Pleureur moins que chantant victoire
Ce toast venu d'un old staff
Exprime que j'aimerais boire
Avec vous tous et même être paf.

72

Ma sagesse vis-à-vis
De vous les deux se condense
Toute en ce nouvel avis
Riez et même qu'on danse.

73

Au solennel champ de blé
Quand la brise se déroule
Sourit l'espoir assemblé
Du pain pour toute la foule.

74

Notre ami Monsieur de Jouy
Sur qui les ans ne peuvent mordre,
Ô mes chers hôtes ! qu'ai-je ouï,
Est nommé conseiller de l'Ordre.

75

Ô fin de siècle, Hiver ! qui truques
Tout, excepté le sentiment,
J'aime quand tu mets gentilment
Aux camélias des perruques.

76

C'était un très bon petit chat
Joueur à la prunelle bleue
Il n'en voulait pas, qu'on marchât
Un peu brusquement sur sa queue.

77

L'une au bois accompagnant l'autre
Princess, je crois que vous menez
En l'absence exquise du vôtre
Madame Laurent par le nez.

78

Le petit Saladin
Devient un citadin.

79

Salutation, certes
Au sémillant Laertes.

80

Quand je passe qui rit à
Mes caresses, toi, Rita.

81

Toi qui soulages ta tripe
Tu peux dans cet acte obscur
Chanter ou fumer la pipe
Sans mettre tes doigts au mur.

82

Contre de l'huile de marsouin
Ou même un peu de goudron, vais-je
Exporter par un touchant soin
Mes deux fillettes en Norvège ?

83

La belle plume, aussi va-t-on
Avec même embrasser Chaton.

84

Tu n'irais même pas jusqu'à
Samois qu'habite la Caca.

85

Papa veut que tu ries
De Valvins-les-Furies.

86

Cousin Victor Margueritte
Songe à moi dans ta guérite.

87

Ô Victor, nous extravaguons
Que tu sois parmi les dragons.

88

Un appétit d'alligator
Une force de jeune butor
Un chapeau en poils de castor
Avec une voix de stentor
C'est tout craché Monsieur Victor.

89

L'oncle de Vévette et Titi
Leur semble un très-vieux ouistiti.

90

Pas au hasard, en s'informant
Voyage Madame Normant.

91

La lune argente sur le môle
Julie et Jeannie avec Paule.

92

Je souhaite, à ces jeux oraux
Julie en chapeau Gainsborough.

93

Que de bonté dans son calice abrite
Notre lointaine et tendre Marguerite.

94

Ce que votre sourire avec grâce rêva
Vous l'avez dans Willy ainsi que dans Éva.

95

Nous tous, la rue avec les numéros —
Et d'autres noms que ta pudeur recule
Willy Ponsot, tendre et discret héros
A marquer mieux que par la majuscule.

96

A la propension bachique
Chez Willy, succède la chique.

97

Au plus brave des troupiers
Pour qu'il n'ait pas mal aux pieds.

98

N'allez pas, je le dis en vers,
Éva, rose qu'on ne cueille
Regarder la vie à travers
La fumée âcre du Bird's eye.

99

Écris-nous ce qui t'arriva
De charmant et parle d'Éva.

100

Ce funeste abat-jour, il va
Jeter de l'ombre sur Éva.

101

Je crois bien que dans ce temps-ci
Il n'est de bonté qu'à Nancy.

102

Alice Lavigne, ô grappe folle ! est la vigne
Qui nous fait oublier Casimir Delavigne.

103

Les Demoiselles Cazalis
L'autre une rose et l'une un lis.

104

Je garde seul Madame Degrandi
Un désespoir de ce dernier Mardi.

105

Mignonne, sachez que même pour plaire
En tant que la Lune, il faut rester Claire.

106

Je vous rends, Claire de Paris
Le filet, mais j'y reste pris.

107

Je souhaite que ce buvard
Sous tes doigts devienne bavard.

108

Avant l'aube si tu m'en
Crois, écris à ta maman.

109

J'ajoute mon souhait, voilà
Lequel : Écris peu, mais sois là.

110

Il ne faut pas serrer les nœuds de ton hymen
Avant d'avoir passé le sinistre examen.

111

Tends-nous aujourd'hui comme joue
Cette rose où l'aube se joue.

112

Je n'ai de rêve que selon
Les images de Madelon.

113

Voici pour que vous chantiez
Ces vers de petit rentier.

114

Votre voix unira nos
Songes et les pianos.

115

Salut ô passant qui te fiches
De lire en été les affiches.

116

Je garde pieux sur ma trogne
Ce baiser qui vient de Pologne.

117

Je ferais même à quatre pattes
Le voyage des monts Carpathes.

118

Chaque autre fleur ne saurait méconnaître
Que Missia fit gentilment de naître.

119

Poisson, ne trompe l'attente
Où se délecte la tante.

120

Monsieur Kinon je suis trop homme
De goût pour dédaigner la pomme.

121

Reçois à ciel ouvert, foin du qu'en dira-t-on !
Les vives amitiés de Monsieur Miraton.

122

Mon esprit ne met rien au rang
De Madame Méry Laurent.

123

Chaque rose semblant
Presque une bouche nue
Te souhaite, Paon blanc,
Chez toi la bienvenue.

124

Elle efface les taudis
Du bout de son aile blanche
Et c'est sur un des Maudits
Que son beau rire s'épanche.

125

Paon, je n'aurais pas osé croire
Que cet été-ci m'octroyât,
Ô délice plus que la gloire !
De t'offrir ce livre à Royat.

126

Reste dans ces Talus, on t'aime
Je veux que l'automne assoupi
Sème des feux du chrysanthème
Le jardin où tu fais pipi.

127

Dame au cœur clos d'une agrafe
Tous les baisers que t'as lus
Jusqu'ici sous mon paraphe
Je les adresse aux talus.

128

Montargis, séjour, au buffet
De qui le ciel à flots s'épanche
Je mets comme le chien eût fait
Mon museau sur votre main blanche.

129

Paon, du souci qui m'éloignait
Je suis quitte aujourd'hui Dimanche,
Et je vous baise le poignet
Si vous écartez votre manche.

130

Avant que cinq heures ne sonne
A la gaine du corridor,
On sera près de la personne
Qui porte une coiffure d'or.

131

Feuilletez et, l'un comme l'une,
Avouez que je m'y connais
Moi, personne peu clair de lune,
En très-vieux albums japonais.

132

Cigarettes, ne desséchez
Jamais, grâce à votre bout lisse,
Les deux lèvres où sont nichés
Ses baisers, notre seul délice.

133

Musique dedans endormie
Il suffit pour te rendre aux cieux
Que la lèvre de cette amie
Ouvre son baiser gracieux.

134

Par un paraphe et des vers attestons
Que c'est pour vous, et non pour d'autres dames,
Seule Méry, qu'à l'art nous demandâmes
Ce fier portrait du plus beau des vestons.

135

L'an pareil en sa course au fleuve que voici
S'écoule vers la fin d'un été sans merci
Où le pied altéré, fêté par l'eau, se cambre
Pour la taquiner mieux du bout d'un ongle d'ambre.

136

Riante et sans air de détresse
La maison attend sa maîtresse.

137

Je présente tous mes saluts
A l'infidèle des Talus.

138

Belle, ne laissez jamais choir
De larmes sur ce fin mouchoir.

139

J'ai cueilli, pour que tu me crusses
Galant, ces violettes russes.

140

A tant manger, je serais
Non Diane, mais Cérès.

141

Soyez, mes yeux, à jamais étonnés
Méry Laurent met les doigts dans son nez.

142

Peut-elle, sur quels pipeaux,
Les mettre mieux à propos ?

143

Méry Laurent qu'on croirait une sainte
Caresse aussi la bouteille d'absinthe.

144

Son doux œil est agrandi
Après le cherry-brandy.

145

Tout ce noir charbon que tu verses
Parmi tes entrailles perverses,
Prends garde, après quelque bonheur
Que ne te naisse un ramoneur.

146

En elle rien ne semble atone
Quand elle mange un panatone.

147

Elle a ce mignon travers
De comprendre un peu mes vers.

148

Une dame à qui j'ai donné le nom de paon
Possède, paraît-il, un fort joli tympan.

149

J'aime regarder Méry
En qui tout, jusqu'au nez, rit.

150

Et panthère comme aux jungles
Elle se ronge les ongles.

151

On pourrait bien fouiller l'Europe et l'Améri—
Que, avant de rien trouver qui ressemble à Méry.

152

Ta plume à mon doigt se satine
Ô Paon (qui n'es pas — créatine).

153

Quand sur mon tu-tul quelqu'un fait pan-pan
Je pousse des cris comme un petit paon.

154

Je n'ai jamais su faire un vers sur un album
En voilà pourtant deux que j'éternue.. Atchum !

155

(Comme elle est d'avis que je me fais rance
Je vais au loin lire une conférence)

156

Marie et Méry Magnier et Laurent
Sont de très hautes nymphes s'adorant.

157

Une rose d'été, sans que rien d'amer y
Séjourne, épanouie et blanche, c'est Méry.

158

Ces roses ! as-tu laissé choir
Ta bouche aussi dans le crachoir.

159

Dans ce monde ailé, rampant
Le talent n'omit qu'un paon.

160

Cette chatte humble et tendre à qui l'attache
Porte un paraphe illustre pour moustache.

161

Gourmand comme un chanoine ou comme une
abbesse
Je vois sur ce feuillet une bouillabaisse.

162

La descendance d'un singe
Folle et vierge de tout linge
Se berce en grappe jusqu'au
Perchoir, où songe Coco.

163

Ce triste hibou, s'il neige ou bruine
N'a pas, aux *Talus*, trouvé de ruine.

164

On ne voit pas, dans les rues
Tous les jours de telles grues.

165

J'aimerais que l'on attachât
A votre sonnette ce chat.

166

A la jeune personne et nièce
Des Essarts, grave, notre aîné,
Dédia-t-il une autre pièce
De vers que Pallas Athéné ?

167

Il manque à ce naïf moulin
Où la neige se liquéfie
Élisa, son panier d'œufs plein
Très-pressée en photographie.

168

Avec joie Élisa broute
Le gazon d'une choucroute.

169

Il est rare que je me gêne
Avec Monsieur Geneste Eugène.

170

Messieurs Fournier père et le fils —
Le Saint-Esprit : la Syphilis.

171

Son fils, vocation chez Edmond décidée
A l'orchite préfère une chaste orchidée.

172

J'ai mal à la dent
D'être décadent !

173

Malheur à qui n'est pas charmé
Par quatre vers de Mallarmé.

AUTOUR D'UN MIRLITON

Tous de l'amitié. Sans ça l'on
Ne saurait orner mon salon

J'ai, sur ce mirliton rêveur
Ma devise « Evans for ever »

Augusta Holmès m'accommode
Comme femme et même comme ode

Coppée aussi je le reçois
Reste l'honneur du vers François

Sur Pégase palefroi
Jean est muse et Berthe, Roy

Je ne connais rien de funeste
A nos vertus comme Geneste

Madame François, de son nom Mina
A m'aimer un peu se détermina

Sans être femmiste ou damard
On en tiendrait pour Hadamard

Dupray, jouvenceau ; qu'on nomme
Mal ici le vieux Bonhomme

A nos « five », Hortense Schneider
Ôte sa pelisse d'eider

Quel chignon topaze ou saur
Subjugue à présent Champsaur ?

Ta fontaine, Évian, pleure sur le gravier
Le pied évanoui de Madame Gravier

Comme un yacht princier Marie
Magnier va sans avarie

Notre rire aux notes soumis
Fera de nous mille Roumis

Le cœur me bat trop, s'il est ausculté
Par Fournier, flambeau de la Faculté

A fleurir s'est, chez Edmond, décidée
Une multiple et bizarre orchidée

Portalier, un cœur ; mais, de seins
Pas plus que tous les médecins

Je m'accoude dans le bain
Aimant entendre Robin

Quelquefois je nomme Adrien
Marx mon docteur, quand je n'ai rien

Je crois, sans qu'on m'en ait conté
Plaire à Rosine Labonté

Reine pour la simple Élisa
Sa ferveur me fleurdelisa

Mon goût correct s'est gendarmé
Contre ces vers de Mallarmé

SUR DES GALETS D'HONFLEUR

1

Avec ceci Joseph, ô mon élève
Vous ferez des ricochets sur la grève.

2

Avec chacune ici comme en flagrant
Délit se plaît et va Monsieur Legrand.

3

Le seul rêve qui dans vos yeux purs navigua
Ne naufrage jamais Mademoiselle Helga.

4

Vous écouterez, ô sérieuse Marie
Madame Seignobos, bonté jamais tarie.

5

Pierre ne va pas, zélée
Par ton poids qui s'obstina
Couvrir l'écriture ailée
Que signe ce nom Dinah.

6

Celui-là n'est pas sot
Qui guigne Éva Ponsot.

7

Dubois dont on fait les maris
Vite venez-nous de Paris.

8

Dubois n'a pas dit : Et, va
Donc ! à la petite Éva.

9

Verdure et mer tout charme, il y
Faut du reste ajouter Willy.

10

Willy modèle des troupiers
Soignez votre litre et vos pieds.

11

Je préfère au quartier Monceau
Votre pré, Madame Ponsot.

12

Monsieur Fraisse n'a la frousse
Que si la mer se courrouce.

13

Petit chien je t'affriolais
Avec du sucre et mes mollets.

14

Françoise qui nous sert à table
Apporte maint plat délectable.

15

Françoise, pareille au requin
Mange de baisers « paur tit quin ».

16

Les Mesdames des Batignolles
Sont ici flemmardes et gnolles.

17

Tant mieux si la mer affame
La parfaite bonne femme.

18

On trouve ici, bonheurs que j'énumère
La grande mer avec petite mère.

19

Je vois ma fille Vève
Et le cap de la Hève.

20

Vénus pour nager s'étala
Entre les bras de Catala.

21

Je vois dans la mer Vévette
Sauter comme une crevette.

SUR DES CRUCHES DE CALVADOS

1

Ami, bois ce jus de pomme
Tu te sentiras un homme.

2

Je fais le vœu que ma liqueur
Vous coule douce jusqu'au cœur.

3

Je tiens secret ce que pense
L'homme qui vida ma panse.

4

Ce pot de cidre tu le bois
A la santé d'Ernest Dubois.

RONDELS

1

Fée, au parfum subtil de foin
Coupé, dans la verte prairie,
Avec sa baguette fleurie
Elle surgit, charmant témoin.

Ce n'est pas quand on se marie
Seulement, qu'aux pays du loin,
Avec sa baguette fleurie
Elle surgit, charmant témoin.

Attentive à porter le soin
Jusqu'au cher cadeau qui varie
Toujours selon la rêverie
De l'enfant muette en son coin,
Elle surgit, charmant témoin.

2

Prenez dans chaque main de l'homme
Tourmenté par un soin ardu
De savoir ce qu'il vous faut, du
Bouton de rose ou de la pomme.

Pour chasser le malentendu,
En lui disant que c'est tout comme
Prenez dans chaque main de l'homme
Tourmenté par un soin ardu.

Si, damoisel ou majordome,
Il a, près de vous, confondu
La fleur qu'on respire éperdu
Et le fruit qui ne se consomme,
Prenez dans chaque main de l'homme.

SONNETS

1

Si, subtile, le petit nez
Éblouissant noyé dans telle
Candeur de rires devinés
Que s'entrouvre cette dentelle,

Le filial instinct vous prit,
Orgueilleuse, mais la seconde,
De ressembler par son esprit
Tout bas à votre aïeule blonde,

Conservez, des fonts baptismaux,
Afin qu'il se volatilise
Miraculeusement en mots
Natifs et clairs comme une brise,

Mademoiselle Mirabel
Sur la langue le grain de sel.

2

A MÉRY

L'aile s'évanouit et fond
Des Cupidons vers d'autres nues
Que celles peintes au plafond,
Prends garde ! quand tu éternues —

Ou que ce couple qui jouait
N'interrompe sa gymnastique
Pour te décerner le fouet
Sur quelque chose d'élastique

Si (moi-même je reconnais
Comme avec à-propos on t'aime
Pâlie en de petits bonnets)
Jamais tu gazouilles ce thème

Ancien : Z'ai mal à la gorze —
Pendant l'an quatre-vingt quatorze.

3

TOAST

Comme un cherché de sa province
Sobre convive mais lecteur
Vous aimâtes que je revinsse
Très cher Monsieur le Directeur

Partager la joie élargie
Jusqu'à m'admettre dans leur rang
De ceux couronnant une orgie
Sans la fève ni le hareng

Aussi je tends
avec le rire
— Écume sur ce vin dispos —
Qui ne saurait se circonscrire
Entre la lèvre et des pipeaux

A vous dont un regard me coupe
La louange
haut notre Coupe

4

Le bachot privé d'avirons
Dort au pieu qui le cadenasse —
Sur l'onde nous ne nous mirons
Encore pour lever la nasse

Le fleuve sans autres émois
Que l'aube bleue avec paresse
Coule de Valvins à Samois
Frigidement sous la caresse

Ce brusque mouvement pareil
A secouer de quelque épaule
La charge obscure du sommeil
Que tout seul essaierait un saule

Est Paul Nadar debout et vert
Jetant l'épervier grand ouvert.

5

La Gloire, comme nulle tempe
Encore mi-poivre mi-sel
Ne s'y dora selon la lampe,
De si tôt paraître missel

Ce l'est, avec le commentaire
Par entrelacs colorié :
Je me sens un peu comme en terre
Allé refleurir le laurier.

Le beau papier de mon fantôme
Ensemble sépulcre et linceul
Vibre d'immortalité, tome,
A se déployer pour un seul

Dans le gothique d'évangile
Par vous rêvé, Valère Gille.

HUITAIN

Sur le chemin là-bas morose
Midi brille, où que vous alliez
Je tends par plaisir une rose
Au seul tendre des cavaliers

Si la fleur est, parle clair, celle
Ne faisant qu'une avec tes doigts
Saute, mignonne, vite en selle
Pour Golconde ou le Vermandois.

INVITATION
A LA SOIRÉE D'INAUGURATION
DE *LA REVUE INDÉPENDANTE*

1

La Revue avec bruit qu'on nomme
Indépendante sous peu pend
Une crémaillère d'or comme
Le gaz de son local pimpant.

Caressé par la réussite
Et regards d'extase amincis,
Édouard Dujardin sollicite
Qu'après neuf heures le vingt-six

Novembre, pas l'ombre endossée
D'un habit à crachats divers
Vous honoriez, onze, Chaussée
D'Antin, son magasin de vers.

C'est entre messieurs, sans compagne,
Y trouvant du blanc de poulet
Et l'on s'attend même au champagne
Si d'autre rire ne coulait.

2

Caressé par la réussite
Et dans les gants les plus étroits,
Édouard Dujardin sollicite
Qu'autour de neuf heures, le trois

Mars, pas même l'ombre endossée
D'un habit à crachats divers !
Vous visitiez, onze, Chaussée
D'Antin, son magasin de vers :

La Revue avec bruit qu'on nomme
Indépendante, Monsieur, pend
Une crémaillère d'or comme
Le gaz en son local pimpant.

THÉATRE DE VALVINS

SONNET
Au
Public

Par un soir tout couleur de topaze et d'orange
Leurs espoirs reflétés dans ce riche tableau
De gais comédiens suivant le fil de l'eau
Ont débarqué la joie au seuil de votre grange.

Aucun toit si grossier ne leur paraît étrange
Ils le peuvent changer vite en Eldorado
Pour peu qu'au pli naïf qui tombe du rideau
La rampe tout en feu mêle l'or d'une frange.

Ainsi le doux concert qui cessa quand je vins,
N'était pas, croyez m'en, ô peuple de Valvins
Le désespoir d'un veau pleurant hors de la salle

Mais, avec ses cinq doigts, par la gamme obéis,
La chanson que du creux d'un violon exhale
Un jeune homme de bien, natif de ces pays.

A UNE REPRÉSENTATION DE *LA FARCE DE MAÎTRE PATHELIN*

Qu'entends-je ? un bruit dans la Cité
Circule, jasé, récité
Par la dent unique des vieilles
Comme par la bouche vermeille
Des fillettes au rire fin :
Que pour avoir mangé sans faim
Tout un plat chaud de pets-de-nonne,
Le bon vieillard qui nous ânonne
Ici le livre de la loi
Expire en cet instant chez soi.
Que l'enfer prête son refuge
A messire notre doux juge.
Or je dis cela soucieux
Qu'il n'aille rencontrer aux cieux
— Où la vérité pure éclate —
Lui tirant leur langue écarlate
Ainsi qu'aux potences jadis
Saints maintenant du paradis
Et vêtus de blanches tuniques —
Tous ceux que sa sentence inique
Ici-bas, en tant que bandit,
Vaurien, faux-monnayeur, pendit
Sans nul autre méchef ou faute
Que de n'avoir en chambre haute
Graissé la patte du grimaud. —
Mais agissons et pas un mot
De plus. Car il me faut sur l'heure
Tirer de ce plat la meilleure
Aubaine ! Holà si je prenais
Aux yeux naïfs de mes benêts

La place encore toute chaude
Du vieil artisan de maraude
Oui ! Si déjà je me haussais
Pour mener à bien mon procès
Sur la chaise par lui vidée !
Bonne Dame ! c'est une idée
L'habit convient — et n'ai-je ici
Dans cette robe au fil roussi
Mais tortueuse, antique et sombre
La noirceur requise par l'ombre
De mon pourvoyeur de gibet !
Quomodo ! cur ! et quid libet !
Voilà qu'à souhait je dégoise
Sans chercher à nul vivant noise
Mon savoir entier de latin !
Le beau mal que pour un matin
Je sois, cela vaut mieux que peste
Plaideur, magistrat et le reste !
(Par le reste j'entends filou !)
Dites-moi dans quelle ville, où
Sur la terre heureuse se montre
Plus jaloux du pour et du contre
Aussi d'accord et point vénal
Un plus sublime tribunal
Que celui qu'à moi je compose
Expliquant, écoutant la cause
Et n'admettant point de trompeur
Donc mes bonnes gens, n'ayez peur
Qu'insidieusement je n'aille
Sot unique et double canaille
Glisser en tant que l'avocat
De la main gauche un beau ducat
Dans ma droite de juge intègre
Ni l'accepter d'un sourire aigre

Sachez, ô mes petits enfants
Que vertueux je me défends
De rien prendre ni boustifaille
Exquise, ni sac d'or qu'il faille
Que je me donne auparavant.
Çà, j'ouïs d'où souffle le vent.

TRIOLETS

1

Notre violon n'attend plus
Qu'un signe de Monsieur le Maire
Cet orchestre que j'énumère,
Notre violon n'attend plus.
Déjà, sur les prés chevelus,
La lune verse sa chimère,
Notre violon n'attend plus
Qu'un signe de Monsieur le Maire.

2

Quiconque passe sur la berge
Si l'on veut rire, c'est ici.
Mieux qu'un vin notre joie héberge
Quiconque passe sur la berge
Sans payer, nous tenons auberge
Pour ceux de Chine ou d'Héricy.
Quiconque passe sur la berge
Si l'on veut rire, c'est ici.

3

Je vois là-bas Monsieur Prosper
Rire comme trois dans sa manche
La rente serait-elle au pair ?
Je vois là-bas Monsieur Prosper
Nous, que notre jeu soit super-
Fin tout autant que le Dimanche
Je vois là-bas Monsieur Prosper
Rire comme trois dans sa manche.

4

Débuter devant *Il Signor*
N'est pas d'un talent qui s'ignore.
Nous allons, ce dont je m'honore,
Débuter devant *Il Signor.*
Fasse le ciel qu'il nous signe, or
Bravos et louange sonore :
Débuter devant *Il Signor*
N'est pas d'un talent qui s'ignore.

5

Avec le soleil nous partons
Pour revenir au temps des roses
Sans or, ô Gilles et Martons,
Avec le soleil nous partons.
Mais il reste dans nos cartons
De quoi chasser les jours moroses
Avec le soleil nous partons
Pour revenir au temps des roses.

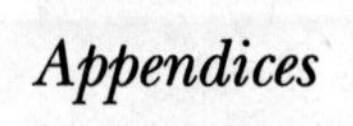

Appendices

I. *Poèmes dédiés à Méry*
intégrés dans les éditions des Poésies
postérieures à l'édition Deman (1899)

RONDEL

Rien ici-bas que vous n'ayez
Envisagé de quelque moue
Ou du blanc rire qui secoue
Votre aile sur les oreillers.

Princesse au berceau, sommeillez !
Sans voir parmi tout ce qu'on loue
Rien ici-bas que vous n'ayez
Envisagé de quelque moue.

Nos vains souhaits émerveillés
De la beauté qui les déjoue
Ne connaissent, fleur sur la joue,
Dans l'œil diamants impayés
Rien ici-bas que vous n'ayez !

SONNET
pour elle

Ô si chère de loin et proche et blanche, si
Délicieusement toi, Méry, que je songe
A quelque baume rare émané par mensonge
Sur aucun bouquetier de cristal obscurci.

Le sais-tu, oui ! pour moi voici des ans, voici
Toujours que ton sourire éblouissant prolonge
La même rose avec son bel été qui plonge
Dans autrefois et puis dans le futur aussi.

Mon cœur qui dans les nuits parfois cherche à s'entendre
Ou de quel dernier mot t'appeler le plus tendre,
S'exalte en celui rien que chuchoté de Sœur —

N'était, très grand trésor et tête si petite,
Que tu m'enseignes bien toute une autre douceur
Tout bas par le baiser seul dans tes cheveux dite.

Méry
Sans trop d'aurore à la fois enflammant
La rose qui splendide et naturelle et lasse
Même du voile lourd de parfum se délace
Pour ouïr sous la chair pleurer le diamant,

Oui, sans ces crises de rosée ! et gentilment,
Ni brise si le ciel avec orageux passe,
Jalouse d'ajouter on ne sait quel espace
Au simple jour le jour très vrai du sentiment,

Ne te semble-t-il pas, Méry, que chaque année
D'où sur ton front renaît la grâce spontanée
Suffise selon tant de prodige et pour moi,

Comme un éventail seul dont la chambre s'étonne,
A rafraîchir du peu qu'il faut ici d'émoi
Toute notre native amitié monotone.

CHANSON
sur un vers composé par Méry

Si tu veux nous nous aimerons
Avec la bouche sans le dire,
Cette rose ne l'interromps
En versant du silence pire

Aucuns traits émanés si prompts
Que de ton tacite sourire
Si tu veux nous nous aimerons
Avec la bouche sans le dire.

Muet, muet entre ses ronds
Sylphe dans la pourpre d'empire
Un baiser flambant se déchire
Jusqu'aux pointes des ailerons.
Si tu veux nous nous aimerons.

De frigides roses pour vivre
Toutes la même interrompront
Avec un blanc calice prompt
Votre souffle devenu givre

Mais que mon battement délivre
La touffe par un choc profond
Cette frigidité se fond
En du rire de fleurir ivre

A jeter le ciel en détail
Voilà comme bon éventail
Tu conviens mieux qu'une fiole

Nul n'enfermant à l'émeri
Sans qu'il y perde ou le viole
L'arôme émané de Méry.

II. *Brouillon (?)*

Que Mme Méry Laurent
Avec le doux rire qui creuse
Ses petits cheveux redorant
Un matin d'une année heureuse

III. *Poèmes d'attribution douteuse ou fausse*

PROSE POUR CAZALIS

Le Docteur oblique
Fiche un camp piteux.
Le ciel ironique
Resplendit joyeux.

Et dans son extase
Le soleil riant
Fulgore Anastase
C'est tout l'Orient.

Et que nul ne rie
D'un rictus amer
Fleuris Pulchérie
Au bord de la mer

Pour qu'on s'extasie
Sur Coco Barroil;
Trouve Anastasie
Une rime à Roil

Et faites ensemble
Mais avec chaleur
Un geste qui semble
Laniquolacheur.

Méry, j'ai pour ton nouveau gîte
Fait un ciment de ma façon
Et mon vœu le plus tendre habite
Chaque pierre de la maison.

DOSSIER

CHRONOLOGIE
1842-1898

1842 *18 mars :* naissance à Paris, 12 rue Laferrière, d'Étienne, dit Stéphane, Mallarmé, fils de Numa Florent Joseph Mallarmé (1805-1863), sous-chef à l'administration de l'Enregistrement et des Domaines, et d'Élisabeth Félicie Desmolins (1819-1847).

1847 *2 août :* mort de Mme Mallarmé.

1848 Remariage de Numa Mallarmé.

1852 SM est mis dans une pension religieuse à Passy.

1854 Premiers écrits connus (exercices scolaires) : *La Coupe d'or* et *L'Ange gardien.*

1856 Pensionnaire au lycée de Sens (où son père est conservateur des hypothèques depuis 1853) après avoir été renvoyé l'année précédente de la pension de Passy.

1857 Mort de sa sœur Maria (née en 1844).

1858 *Cantate pour la première communion* du lycée de Sens.

1859 En classe de rhétorique, écrit *Entre quatre murs.*
Octobre : entre en classe de logique.

1860 Se lie avec Émile Deschamps, survivant de la génération romantique et voisin de ses grands-parents Desmolins à Versailles. Constitue une anthologie poétique de 8 000 vers *(Glanes)* et s'essaie à traduire des poésies de Poe. Reçu bachelier en novembre après un premier échec en août, entre comme surnuméraire chez un receveur de l'Enregistrement à Sens (« premier pas dans l'abrutissement »).

1861 Les Mallarmé s'installent à Sens.
Octobre : Emmanuel des Essarts est nommé au lycée de Sens.

1862 *Janvier-février :* premières publications : article sur les *Poésies parisiennes* de des Essarts, et le poème *Placet,* dans *Le Papillon.*
Avril-mai : premières relations épistolaires avec Eugène Lefébure et Henri Cazalis. Publie avec des Essarts *Le Carrefour des demoiselles,* commémorant une promenade en forêt de Fontainebleau.
Juin : courtise une gouvernante allemande, Maria Gerhard.
Novembre : départ pour Londres où il s'installe avec Maria.

1863 *Avril :* mort de Numa Mallarmé.

10 août : mariage à Londres avec Maria Gerhard, de sept ans son aînée.
Novembre : ayant obtenu le certificat d'aptitude pour l'enseignement de l'anglais, est nommé chargé de cours au lycée de Tournon (Ardèche).

1864 *Été :* fait à Avignon la connaissance des félibres, Théodore Aubanel, Joseph Roumanille, Frédéric Mistral.
Octobre : commence *Hérodiade*, peu avant la naissance de sa fille Geneviève (19 novembre).

1865 Après avoir passé les premiers mois sur *Hérodiade*, commence en juin le *Faune*, avec l'espoir de le présenter au Théâtre-Français.
Octobre : après le refus de Banville et de Coquelin, reprend *Hérodiade*, « non plus tragédie, mais poème ».

1866 *Janvier-mars :* travaille à l'Ouverture ancienne d'*Hérodiade*.
Avril : séjour à Cannes chez Lefébure. De ce séjour, au milieu du travail sur *Hérodiade*, datent la découverte du néant et un bouleversement intellectuel profond : « Oui, *je le sais*, nous ne sommes que de vaines formes de la matière, — mais bien sublimes pour avoir inventé Dieu et notre âme. Si sublimes, mon ami ! que je veux me donner ce spectacle de la matière, ayant conscience d'elle, et, cependant, s'élançant forcenément dans le Rêve qu'elle sait n'être pas, chantant l'Ame et toutes les divines impressions pareilles qui se sont amassées en nous depuis les premiers âges, et proclamant, devant le Rien qui est la vérité, ces glorieux mensonges ! Tel est le plan de mon volume Lyrique, et tel sera peut-être son titre, La Gloire du Mensonge, ou le Glorieux Mensonge. Je chanterai en désespéré ! » Ce séjour cannois inaugure deux années de fréquentation de l'absolu pour le poète qui est nommé en octobre au lycée de Besançon, après un été voué aux spéculations sur l'Œuvre désormais entrevu.
12 mai : publication de dix poèmes dans *Le Parnasse contemporain.*

1867 *14 mai :* à Cazalis : « Je viens de passer une année effrayante : ma Pensée s'est pensée, et est arrivée à une Conception Pure. Tout ce que, par contre-coup, mon être a souffert, pendant cette longue agonie, est inénarrable, mais, heureusement, je suis parfaitement mort, et la région la plus impure où mon Esprit puisse s'aventurer est l'Éternité [...]. C'est t'apprendre que je suis maintenant impersonnel, et non plus Stéphane que tu as connu, — mais une aptitude qu'a l'Univers Spirituel à se voir et à se développer, à travers ce qui fut moi. »
31 août : mort de Baudelaire.
Octobre : nommé au lycée d'Avignon.

1868 *Avril*, à François Coppée : « Pour moi, voici deux ans que j'ai commis le péché de voir le Rêve dans sa nudité idéale [...]. Et maintenant, arrivé à la vision horrible d'une Œuvre pure, j'ai presque perdu la raison... »
Mai : à Lefébure : « Décidément, je redescends de l'Absolu [...] mais cette fréquentation de deux années (vous vous rappelez ? depuis notre séjour à Cannes) me laissera une marque dont je veux faire un Sacre. »

18 juillet : envoi du sonnet en -yx à Cazalis.

1869 Lecture de Descartes.
Février : à Cazalis : « La première phase de ma vie a été finie. La conscience, excédée d'ombres, se réveille, lentement formant un homme nouveau, et doit retrouver mon Rêve après la création de ce dernier. Cela durera quelques années pendant lesquelles j'ai à revivre la vie de l'humanité depuis son enfance et prenant conscience d'elle-même. »
Mars : envoi de la scène d'*Hérodiade* au *Parnasse contemporain.*
Novembre : première mention d'*Igitur,* destiné à liquider la crise de l'absolu : « c'est un conte, par lequel je veux terrasser le vieux monstre de l'Impuissance [...]. S'il est fait [...] je suis guéri ; *similia similibus.* » A la même époque, s'intéresse à la science du langage.

1870 *Janvier :* mis en congé sur sa demande jusqu'en septembre 1871, il s'initie à la linguistique et envisage une thèse sur le langage ainsi qu'une thèse latine sur la divinité, comme « le fondement scientifique » de son œuvre.
Août : lecture d'*Igitur* devant Mendès, Judith Gautier et Villiers, de retour de Lucerne, chez Wagner.

1871 *Juillet :* naissance d'Anatole.
Octobre : après diverses tentatives pour quitter l'enseignement, est nommé au lycée Condorcet et s'installe à Paris, 29 rue de Moscou.

1872 *Juin-octobre :* publie les traductions de huit poèmes de Poe.
23 octobre : mort de Gautier.

1873 *Avril :* fait la connaissance de Manet.
Octobre : Toast funèbre dans *Le Tombeau de Théophile Gautier.*

1874 *Août :* premier séjour à Valvins, près de Fontainebleau.
Septembre : première livraison de *La Dernière Mode,* entièrement rédigée par Mallarmé. Le journal aura huit numéros.

1875 *Janvier :* s'installe rue de Rome.
Juillet : envoi à Lemerre, pour le troisième *Parnasse contemporain,* du *Faune,* qui est refusé par le jury (Coppée, Banville, Anatole France).
Premiers *Gossips* pour l'*Athenæum* de Londres.

1876 *Janvier :* évoque de grands projets pour le théâtre.
Avril : L'Après-midi d'un faune, illustré par Manet, chez Derenne.
Mai : préface au *Vathek* de Beckford.
Septembre : « The Impressionnists and Edouard Manet » dans *The Art Monthly Review.*
Décembre : Le Tombeau d'Edgar Poe dans le volume commémoratif de Baltimore.

1877 *Mars :* dernières traductions des poèmes de Poe dans *La République des Lettres.*
Décembre : premières allusions aux Mardis.

1878 *Janvier : Les Mots anglais,* chez Truchy-Leroy frères. Envisage pour le même éditeur divers travaux alimentaires sur la langue anglaise.

1879 *Octobre :* mort d'Anatole après une maladie de six mois.

Décembre : Les Dieux antiques (datés de 1880), chez Rothschild (traduction d'un manuel de G.W. Cox entreprise dès 1871).

1880 Notes pour le *Tombeau* d'Anatole.

1882 *Octobre :* révèle à Huysmans, qui lui fait part du projet d'*A rebours*, la personnalité de Montesquiou.

1883 *13 février :* mort de Wagner.
30 avril : mort de Manet.
Novembre-décembre : publication par Verlaine, dans *Lutèce*, du troisième article, consacré à Mallarmé, des « Poètes maudits », repris l'année suivante en volume chez Vanier.

1884 *Janvier :* première allusion, dans la *Correspondance*, à Méry Laurent, qu'il a connue naguère par Manet.
Mai : A rebours de Huysmans qui, avec *Les Poètes maudits*, assure à Mallarmé une publicité inattendue.
Octobre : nommé au lycée Janson de Sailly.

1885 *Janvier : Prose* pour des Esseintes dans *La Revue indépendante* qui publie en mars *« Le vierge, le vivace... »* et *« Quelle soie... »*.
22 mai : mort de Victor Hugo.
8 août : « Richard Wagner, Rêverie d'un poète français » dans *La Revue wagnérienne.*
10 septembre : évoque, dans deux lettres à Édouard Dujardin et Barrès, le Drame dont il rêve, celui « de l'Homme et de l'Idée ».
Octobre : nommé au collège Rollin.
16 novembre : lettre autobiographique à Verlaine évoquant le Livre, « l'explication orphique de la Terre, qui est le seul devoir du poète et le jeu littéraire par excellence ».

1886 *8 janvier : Hommage* à Wagner dans *La Revue wagnérienne.*
11 avril : premier numéro de *La Vogue* avec trois poèmes en prose de Mallarmé et le début des *Illuminations* de Rimbaud.
13 juin : « M'introduire dans ton histoire... » (premier poème non ponctué) dans la même revue.
18 septembre : manifeste symboliste de Jean Moréas dans *Le Figaro.*
22 septembre : le *Traité du Verbe* de René Ghil, avec l'« Avant-Dire » de Mallarmé.
1er novembre : commence à tenir pour *La Revue indépendante* une chronique théâtrale (neuf articles jusqu'en juillet 1887).

1887 *1er janvier :* le « Triptyque » dans *La Revue indépendante.*
Mars : édition définitive de *L'Après-midi d'un faune* aux éd. de *La Revue indépendante.*
12 août : La Déclaration foraine, qui contient *« La chevelure... »*, dans *L'Art et la mode.*
Octobre : édition photolithographiée des *Poésies*, avec frontispice de Félicien Rops, aux éditions de *La Revue indépendante* (à 47 exemplaires).
Décembre : Album de vers et de prose.

1888 *Janvier :* lettre à Verhaeren évoquant le projet de se « présenter en public [...] et de jongler avec le contenu d'un livre ».
Juillet : Les Poèmes d'Edgar Poe, chez Deman à Bruxelles, avec portrait et fleuron de Manet.

1889 *18 août :* mort de Villiers; Mallarmé et Huysmans seront ses exécuteurs testamentaires.

1890 *Février :* tournée de conférences sur Villiers en Belgique.
15 mai : « Villiers de l'Isle-Adam » *(La Revue d'Aujourd'hui).*
20 octobre : première lettre de Paul Valéry.
15 novembre : Billet à Whistler dans *The Whirlwind.*

1891 *13 mars :* mort de Banville.
24 mars : réponse à l'Enquête sur l'évolution littéraire de Jules Huret.
Mai : Pages, chez Deman, avec frontispice de Renoir.
10 octobre : première visite de Valéry, amené par Pierre Louÿs.

1892 *Mars :* début de la collaboration au *National Observer* (douze chroniques jusqu'en juillet 1893).
15 novembre : Vers et prose (daté de 1893), chez Perrin, avec frontispice de Whistler.

1893 *Février :* préside le septième banquet de *La Plume* où il prononce le Toast qui deviendra *Salut.*
15 juillet : deuxième édition de *Vers et prose.*
4 novembre : Mallarmé obtient sa mise à la retraite.

1894 *Février-mars :* conférence sur « La Musique et les Lettres » à Oxford et Cambridge (publiée en octobre chez Perrin).
15 mai : « A la nue... » dans *L'Obole littéraire.*
17 juillet : mort de Leconte de Lisle. Lui succède à la présidence du comité pour le monument Baudelaire.
8 août : cité comme témoin par Félix Fénéon à l'occasion du procès des Trente (lié aux attentats anarchistes).
17 août : article sur « Le Fonds littéraire » dans *Le Figaro.*
12 novembre : envoie à Deman la maquette des *Poésies.*
22 décembre : première audition du *Prélude à l'Après-midi d'un faune* de Debussy.

1895 *1er janvier : Le Tombeau de Charles Baudelaire* dans *La Plume.*
15 janvier : Hommage à Puvis de Chavannes dans la même revue.
1er février : première des dix « Variations sur un sujet » dans *La Revue blanche.*
3 août : « Toute l'âme résumée... » (*Le Figaro,* dans la réponse à une enquête sur le vers libre).

1896 *8 janvier :* mort de Verlaine. Mallarmé prononcera son éloge funèbre.
27 janvier : élu Prince des Poètes.
15 mai : « Arthur Rimbaud », lettre à Harrison Rhodes, *The Chap Book,* Chicago.
22 mai : président du comité pour le monument Verlaine.
1er septembre : « Le Mystère dans les Lettres » dans *La Revue blanche,* en réponse à l'article de Proust, « Contre l'obscurité », dans la même revue.

1897 *1er janvier : Tombeau* de Verlaine *(La Revue blanche).*
15 janvier : Divagations, chez Charpentier.
Mai : Un coup de dés, dans la revue *Cosmopolis.*

1898 *23 février :* lettre de sympathie à Zola après sa condamnation.
16 avril : Album commémoratif contenant le sonnet à Vasco *(« Au seul souci... »).*
10 mai : se remet à *Hérodiade* qui l'occupera jusqu'à sa mort.
9 septembre : mort de Mallarmé, à Valvins, à la suite d'un étouffement. *Hérodiade* reste inachevée et l'édition des *Poésies* ne paraîtra qu'en 1899, posthume.

NOTICE

Les *Vers de circonstance* n'ont été publiés que longtemps après la mort de Mallarmé, par sa fille et son gendre, en 1920. Du vivant du poète, et à son initiative, seuls avaient paru 27quatrains-adresses, 5 éventails et 7 dédicaces du *Faune*.

Cette édition posthume pose trois problèmes majeurs, celui du titre, celui du classement, et celui du texte.

— Le titre. Y a-t-il, dans l'œuvre poétique de Mallarmé, une spécificité réelle des *Vers de circonstance* qui justifie leur titre et leur publication séparée ? Y a-t-il, par voie de conséquence, une frontière précise entre les vers recueillis dans l'édition des *Poésies* et ceux que rassemblèrent en 1920 les premiers éditeurs de ces vers ? On sait que bien des commentateurs ont pu soutenir à bon droit que la plupart des poèmes de Mallarmé (qu'on pense notamment aux Toasts et aux Tombeaux), sinon tous, pouvaient être considérés comme des vers de circonstance. Faut-il alors limiter le label *Vers de circonstance* aux seuls vers qui, étroitement liés à la circonstance qui les a produits, n'avaient pas vocation à lui survivre ? Mais Mallarmé lui-même a publié un certain nombre de ces vers[1], et n'a pas dédaigné d'en remanier la plupart, parfois à plusieurs reprises, voire d'en modifier ou d'en effacer la dédicace, contribuant ainsi, peu ou prou, à les décirconstancier.

S'il est vrai, malgré tout, que ces vers sont des vers de circonstance, leur véritable spécificité est ailleurs. Sans doute tient-elle pour une part à une différence de ton. Loin des grands poèmes consacrés par le volume des *Poésies*, ces vers-là, proches par leur brièveté et le sens de la pointe, du genre traditionnel de l'épigramme, relèvent d'une veine plus légère, et spirituelle. Mais c'est après tout le cas, aussi, dans les *Poésies*, des « Chansons bas ». La légèreté est en fait ici celle d'une poésie essentiellement mondaine, qui relève par là d'un circuit tout autre que celui de la publication imprimée : celui de l'échange privé. Mondaine ou, plutôt, demi-mondaine : Mallarmé l'a écrit à Méry Laurent à propos des « Loisirs de la Poste » : « cela sort de chez toi ». Il aurait pu l'écrire pour le plus grand nombre des vers réunis ici, qu'il s'agisse des très nombreux

1. En outre, Mallarmé, dans sa note testamentaire du 8 septembre 1898, semblait envisager, à côté des *Poésies*, un volume de *Vers de circonstances* (*Correspondance complète 1862-1871* suivi de *Lettres sur la poésie 1872-1898*, « Folio », Gallimard, 1995, p. 643).

quatrains ou distiques directement dédiés à Méry (ou à l'inséparable Élisa), ou de ceux qui évoquent ses familiers connus (Coppée, Villiers, Verlaine, Huysmans, Régnier, Dujardin...) ou inconnus, médecins parisiens ou dames nancéennes. Poésie (demi-) mondaine, ces vers de circonstance sont le plus souvent une poésie pour dames et demoiselles où se formule en vers un art de la galanterie, ou de la moquerie.

La deuxième caractéristique de ces vers est qu'ils sont inséparables d'un objet, que cet objet soit leur support même (enveloppes des quatrains-adresses, éventails, livres dédicacés, œufs de Pâques, photos, galets d'Honfleur ou cruches de calvados), ou le don qu'ils accompagnent (fruits glacés de nouvel an, cadeaux divers). Par ce lien — évidemment perdu dans une édition de ce genre —, ces vers de circonstance sont ainsi un art référentiel par excellence, celui de la dédicace. Est-ce à dire qu'ôté le référent, ou perdue l'identité du destinataire, il ne reste rien de cet art-là ? Non certes, car la qualité essentielle du destinataire, dans l'art mallarméen de la dédicace, a moins à voir avec sa biographie qu'avec ce qui, de lui, est justiciable d'un traitement poétique : son nom. Le nom du dédicataire en effet est le plus souvent la véritable matrice textuelle de ces vers calembours qui cultivent jusqu'aux limites du possible, fût-ce au prix d'acrobaties que Mallarmé s'interdit dans ses *Poésies*, le génie de la rime.

Pour ces raisons, et quand bien même on pourrait trouver des cas limites, tant dans les *Poésies* que dans les *Vers de circonstance*, il n'est nullement illégitime de consacrer à ceux-ci un volume à part.

— Le classement. L'ordonnance du recueil n'est évidemment pas le fait de Mallarmé, mais de sa fille et de son gendre. L'édition originale des *Vers de circonstance* comportait ainsi 481 poèmes, répartis en 18 rubriques[1] :

Les Loisirs de la Poste
Éventails
Offrandes à divers du Faune
Photographies
Dons de fruits glacés au Nouvel an
Autres dons de Nouvel an
Œufs de Pâques
Fêtes et anniversaires
Albums
Dédicaces, autographes, envois divers
Autour d'un mirliton
Sur des galets d'Honfleur
Sur des cruches de Calvados
Rondels
Sonnets
Huitain
Invitation à la soirée d'inauguration de *La Revue indépendante*
Théâtre de Valvins

A l'intérieur de ces rubriques, le classement des vers était naturellement tributaire de la connaissance que les premiers éditeurs pouvaient avoir des destinataires et des circonstances, et tentait de combiner dans

1. Seules les trois premières ont un titre authentiquement mallarméen.

la mesure du possible ordre chronologique et ordre logique (par destinataire).

Toutes les éditions ultérieures devaient reprendre à peu de chose près cette ordonnance, y compris l'édition Flammarion des *Poésies* qui, devant l'impossibilité de dater exactement nombre d'entre eux, dérogeait pour les seuls vers de circonstance (à l'exception un peu arbitraire des poèmes dépassant quatre vers) à son principe chronologique, se contentant de quelques aménagements — et de compléments — dans le classement interne de chaque rubrique.

A défaut d'un classement chronologique, on aurait pu imaginer une refonte au moins partielle des rubriques originelles, mais celle-ci eût supposé pour n'être pas artificielle la connaissance certaine des circonstances précises de chaque poème, ce qui est encore bien loin d'être le cas. Cette édition reprend donc elle aussi les rubriques traditionnelles, tout en opérant des reclassements dans telle ou telle rubrique, voire, dans le cas d'erreurs manifestes, d'une rubrique à l'autre. En outre, nous avons ajouté au corpus traditionnel des *Vers de circonstance* les poèmes dédiés à Méry qui en avaient été écartés pour être intégrés, à tort ou à raison, dans l'édition des *Poésies* de 1913. On les trouvera dans l'appendice I.

— Le texte. Si un certain nombre de quatrains ne nous sont plus connus que par des copies de Geneviève ou du Dr Bonniot, nous disposons, pour un beaucoup plus grand nombre d'entre eux, d'un manuscrit autographe (qu'il s'agisse ou non de l'original) et parfois de plusieurs, car Mallarmé n'a cessé de corriger ses vers. Deux choix étaient alors possibles : ou bien celui du manuscrit original chaque fois qu'il existe (étant entendu que nous appelons original non pas nécessairement le tout premier manuscrit, mais celui qui a été l'objet du don ou de l'envoi[1]), ou bien celui du dernier état connu. A partir du moment où Mallarmé a jugé bon de retravailler ses vers de circonstance, nous avons choisi la deuxième solution, tout en signalant dans les notes toutes les variantes connues.

Outre les manuscrits originaux, quand ils existent, et d'assez nombreux brouillons ou copies isolés, les sources manuscrites ou imprimées sont les suivantes :

— Ms 1892 : carnet relié en cuir rouge (1892), qui comporte, de la main de Mallarmé, 68 quatrains-adresses. La plupart de ces quatrains ont été ultérieurement corrigés par le poète au crayon rouge (coll. L. Clayeux).

— Ms B : ensemble de feuilles volantes où figurent 20 quatrains-adresses (pour la plupart des brouillons) (coll. part.).

— Ms RP : manuscrit des *Récréations Postales* (1893), qui comporte 89 quatrains-adresses (chacun sur une feuille séparée) (Univ. de Glasgow).

1. A la limite, l'original peut n'être pas de la main de Mallarmé, soit qu'il ait été imprimé (c'est le cas du carton d'invitation pour la soirée de *La Revue indépendante*), soit qu'il ait été copié par un préposé (c'est le cas du télégramme de vœux à Michel Baronet), ou par Méry, lorsque celle-ci est le destinateur fictif du quatrain (c'est le cas du dernier des quatrains-adresses).

— Ms LP : manuscrit des « Loisirs de la Poste » (1894), qui comporte 27 quatrains-adresses classés trois par trois (Bibl. J. Doucet).

— CB : *The Chap Book* du 15 décembre 1894, qui publie les 27 quatrains précédents.

— AML : Album de Méry Laurent, dans lequel Mallarmé a inscrit ou copié des vers de circonstance dédiés à Méry ou à ses familiers (coll. part.).

— Copie G : trois carnets (dits carnets C, B et S) dans lesquels Geneviève a copié les vers de circonstance. L'un de ces carnets (le carnet C) présente des corrections de la main de Mallarmé (coll. part.). D'autres copies de Geneviève, sur des feuilles volantes, ont également été corrigées par Mallarmé (coll. part.).

— Le manuscrit des *Vers de circonstance*, de la main de Geneviève et du Dr Bonniot (coll. part.).

— VC : édition originale des *Vers de circonstance* en 1920.

En l'absence de manuscrit, nous reprenons le texte de *VC* (ou de *PBM* pour les vers qui ne figurent pas dans *VC*). Nous avons en outre généralisé l'usage (flottant dans les manuscrits) du point final, et supprimé toutes les suscriptions en italiques qui, depuis l'édition originale, indiquent chaque fois que possible le destinataire ou l'objet dédié, dans la mesure où ces suscriptions ne sont pas, sauf exception, de Mallarmé. On les trouvera naturellement en notes.

Dans ces notes seront donc données, pour chaque poème, les indications suivantes :

— Manuscrit original (et sa date quand elle est connue).

— Autres manuscrits.

— Publication (du vivant de Mallarmé[1]).

— Variantes.

— Indication sur la circonstance et le destinataire, chaque fois que possible (voir aussi à l'index des noms).

Nous indiquons toutes les variantes lexicales. En revanche ne sont pas relevées les variantes de ponctuation, les variantes typographiques (majuscules/minuscules) et les variantes de transcription pour les numéros de rue (tantôt en chiffres, tantôt en toutes lettres).

L'édition originale des *Vers de circonstance* en 1920 en comportait 481. Ce chiffre passait à 491 avec l'édition de la Pléiade des *Œuvres complètes* en 1945, à 548 avec l'édition Flammarion des *Poésies* en 1983. Cette édition nouvelle en propose 582, soit 34 de plus que l'édition Flammarion (dont une douzaine d'inédits), et il est évidemment possible que d'autres quatrains ou distiques réapparaissent encore.

Qu'il nous soit permis enfin de remercier tous ceux, collectionneurs, conservateurs, éditeurs, marchands d'autographes, universitaires, qui nous ont aidé à rassembler les documents nécessaires, et tout particulièrement Mme R. Bacou, M. P. Beauvais, M. P. Berès, M. et Mme T. Bodin, Mme F. Callu, M. F. Chapon, Mme Chassagne, M. L. Clayeux, M. C. Galantaris, M. J.-E. Gautrot, M. Y. Kashiwakura, M. B. Loliée,

1. Les publications posthumes ne sont indiquées que pour les vers publiés pour la première fois dans la présente édition des *Vers de circonstance*.

M. B. Malle, M. et Mme P. Morel, M. A. Nicolas, M. Michaël Pakenham, Mme J. Paysant, M. Yves Peyré, Mme N. Prévot, M. A. Rodocanachi, Mme M.-A. Sarda, M. L. Scheler, Mme M.-Th. Stanislas, M. Thorpe, la Bibliothèque littéraire J. Doucet, la Bibliothèque nationale, la Bibliothèque de l'Institut, the Hunterian Museum de l'Université de Glasgow, le Musée Mallarmé de Valvins; qu'il nous soit permis aussi de dire notre dette à tous les éditeurs qui nous ont précédé, et notamment à † Carl Paul Barbier et C. Gordon Millan.

Bertrand Marchal

BIBLIOGRAPHIE SUCCINCTE

I. CORRESPONDANCE ET DOCUMENTS DIVERS

Correspondance [I] (1862-1871), éd. Henri Mondor et Jean-Pierre Richard, Gallimard, 1959.

Correspondance II-XI (1871-1898), éd. Henri Mondor et Lloyd James Austin, Gallimard, 1965-1985.

L. J. Austin, « La Correspondance de Stéphane Mallarmé, Compléments et suppléments », *French Studies*, I, janvier 1986 ; II, avril 1987 ; III, avril 1990 ; IV, avril 1991 ; V, avril 1993 ; VI, janvier 1994.

Correspondance complète 1862-1871, suivi de *Lettres sur la poésie 1872-1898*, préf. Yves Bonnefoy, éd. Bertrand Marchal, « Folio », Gallimard, 1995.

Lettres à Méry Laurent, éd. Bertrand Marchal, Gallimard, 1996.

Mallarmé, Documents iconographiques, publ. par Henri Mondor, Genève, P. Cailler, 1947.

Les Lettres, numéro spécial Stéphane Mallarmé, 1948.

L'Amitié de Stéphane Mallarmé et de Georges Rodenbach, lettres et textes inédits 1887-1898 publiés par François Ruchon, Genève, P. Cailler, 1949.

Correspondance inédite de Stéphane Mallarmé et Henry Roujon, éd. Céline Lefèvre-Roujon, Genève, P. Cailler, 1949.

Correspondance Mallarmé-Whistler, éd. Carl Paul Barbier, Nizet, 1964.

Documents Stéphane Mallarmé I-V, éd. Carl Paul Barbier, Nizet, 1968-1976.

Documents Stéphane Mallarmé VI, Correspondance avec Henri Cazalis 1862-1897, éd. Carl Paul Barbier et Lawrence Joseph, Nizet, 1977.

Documents Stéphane Mallarmé VII, Correspondance avec Armand Renaud, Jean Marras, Augusta Holmès, Mistral…, éd. Carl Paul Barbier *et al.*, Nizet, 1980.

Journal de Julie Manet, préf. de Jean Griot, Klincksieck, 1979.

Journal de Julie Manet (extraits), éd. R. de Boland Roberts et J. Roberts, Scala, 1987.

Robert de Montesquiou, *Diptyque de Flandre, Triptyque de France*, Sansot et Chiberre, 1921 (rééd. UGE, coll. « 10/18 », 1986).

II. ŒUVRES

Éditions des Vers de circonstance

Vers de circonstance, éd. originale, NRF, 1920.
Œuvres complètes, éd. Henri Mondor et Georges Jean-Aubry, Bibliothèque de la Pléiade, Gallimard, 1945 (éd. augm. 1951).
Œuvres complètes, tome 1, *Poésies*, éd. Carl Paul Barbier et Charles Gordon Millan, Flammarion, 1983.

Autres œuvres de Mallarmé

Œuvres complètes, éd. Henri Mondor et G. Jean-Aubry, Bibliothèque de la Pléiade, Gallimard, 1951.
Œuvres complètes, tome 1, *Poésies*, éd. Carl Paul Barbier et Charles Gordon Millan, Flammarion, 1983.
Poésies, préface d'Yves Bonnefoy, éd. Bertrand Marchal, coll. Poésie, Gallimard, 1992.
Igitur, Divagations, Un coup de dés, éd. Yves Bonnefoy, coll. Poésie, Gallimard, 1976.
Le « Livre » de Mallarmé, éd. Jacques Scherer, Gallimard, 1957 (nouvelle éd. 1977).
Les Noces d'Hérodiade. Mystère, éd. Gardner Davies, Gallimard, 1959.
Pour un Tombeau d'Anatole, éd. Jean-Pierre Richard, Le Seuil, 1961.
Les « Gossips » de Mallarmé, éd. Henri Mondor et Lloyd James Austin, Gallimard, 1962.
Épouser la Notion, éd. Jean-Pierre Richard, Fontfroide, Bibliothèque artistique et littéraire, 1992.

III. ÉTUDES CRITIQUES SUR LES *VERS DE CIRCONSTANCE* ET OUVRAGES DE RÉFÉRENCE SUR MALLARMÉ

AUSTIN (Lloyd James), *Essais sur Mallarmé*, Manchester University Press, 1995.
BÉNICHOU (Paul), *Selon Mallarmé*, Gallimard, 1995.
DRAGONETTI (Roger), *Un Fantôme dans le kiosque, Mallarmé et l'esthétique du quotidien*, Le Seuil, 1992.
GROJNOWSKI (Daniel), « De Mallarmé à l'Art postal », *Poétique*, n° 100, novembre 1994.
JOSEPH (Lawrence A.), *Henri Cazalis, sa vie, son œuvre, son amitié avec Mallarmé*, Nizet, 1972.
KAUFMANN (Vincent), *Le Livre et ses adresses*, Méridiens-Klincksieck, 1986.

MARCHAL (Bertrand), *Lecture de Mallarmé,* Corti, 1985.
— *La Religion de Mallarmé,* Corti, 1988.
MEITINGER (Serge), *Mallarmé,* Hachette, 1995.
MICHAUD (Guy), *Mallarmé,* nouvelle éd., Hatier, 1971.
MILLAN (Charles Gordon), *Mallarmé : A Throw of the Dice. The Life of Stéphane Mallarmé,* Londres, Secker & Warburg, 1994.
MONDOR (Henri), *L'Amitié de Verlaine et de Mallarmé,* Gallimard, 1939.
— *Vie de Mallarmé,* Gallimard, 1941-1942.
— *Mallarmé plus intime,* Gallimard, 1944.
— *Autres précisions sur Mallarmé et inédits,* Gallimard, 1961.
RICHARD (Jean-Pierre), *L'Univers imaginaire de Mallarmé,* Le Seuil, 1961.
SARTRE (Jean-Paul), *Mallarmé, La lucidité et sa face d'ombre,* Gallimard, 1986.
SUGANO (Marian Zwerling), *The Poetics of the Occasion, Mallarmé and the Poetry of Circumstance,* Stanford University Press, 1992.
WALZER (Pierre-Olivier), *Mallarmé,* Seghers, 1963.

SIGLES ET ABRÉVIATIONS UTILISÉS

AML	Album de Méry Laurent.
AMRod.	*L'Amitié de Stéphane Mallarmé et de Georges Rodenbach.*
BI	Bibliothèque de l'Institut.
cat.	catalogue.
cat. HD	catalogue de l'Hôtel Drouot.
CMR	*Correspondance inédite de Stéphane Mallarmé et Henry Roujon.*
coll.	collection.
coll. part.	collection particulière.
Copie G	copie de la main de Geneviève.
Copie G/SM	copie de Geneviève corrigée par Mallarmé.
Corr.	*Correspondance*, éd. H. Mondor et L. J. Austin.
CP	cachet de la poste.
DFTF	Robert de Montesquiou, *Diptyque de Flandre, Triptyque de France.*
DSM	*Documents Stéphane Mallarmé.*
FS	Fac-similé.
FS	*French Studies.*
inc.	inconnu.
JJM1	*Journal de Julie Manet*, éd. Klincksieck.
JJM2	*Journal de Julie Manet* (extraits), éd. Scala.
LML	*Lettres à Méry Laurent.*
LP	« Les Loisirs de la Poste » (*The Chap Book*).
MDI	*Mallarmé, Documents iconographiques.*
Ms	manuscrit autographe.
Ms B	brouillon (partiel) des *Récréations Postales.*
Ms LP	manuscrit des « Loisirs de la Poste ».

Ms 1892 — carnet de 1892.

Ms O — manuscrit original.

Ms RP — manuscrit des *Récréations Postales.*

OC — *Œuvres complètes,* éd. H. Mondor et G. Jean-Aubry, 1951.

PBM — *Œuvres complètes,* tome 1, *Poésies,* éd. C. P. Barbier et C. Gordon Millan.

Poésies — *Poésies,* préface d'Y. Bonnefoy, éd. B. Marchal.

RP — *Récréations Postales.*

VC — *Vers de circonstance,* éd. originale, NRF, 1920.

VM — H. Mondor, *Vie de Mallarmé.*

Pour ne pas alourdir les variantes, nous avons adopté le code suivant :

— lorsqu'un manuscrit présente une simple variante lexicale par rapport à notre texte de référence, celle-ci est simplement relevée ;

— lorsqu'un manuscrit comporte des corrections, nous donnons à la fois l'état initial et l'état final de la façon suivante :

État initial > état final

Si l'état initial est biffé, il est transcrit en italiques :

État initial > état final

Si, au lieu de corrections, il s'agit de simples variantes entre lesquelles Mallarmé n'a pas fait de choix clair, nous remplaçons le signe > par le signe = :

État initial = variante

Si, à l'intérieur d'une correction (ou variante) portant sur plusieurs mots, intervient une correction (ou variante) seconde, de moindre extension, nous la donnons entre parenthèses à la suite du mot qu'elle remplace :

État (> texte) initial > état final

NOTES

LES LOISIRS DE LA POSTE (RÉCRÉATIONS POSTALES)

Ce n'est pas de Mallarmé, mais de Whistler, que vint l'initiative de publier les quatrains-adresses. En février 1892, le peintre américain, qui vient de découvrir le carnet dans lequel le poète a recopié soixante-huit quatrains, se fait fort de les faire publier à Londres chez son éditeur William Heinemann sous la forme d'une plaquette de luxe. En juillet, il demande son carnet à Mallarmé et l'envoie à Heinemann qui, réticent à l'idée de publier en français un poète qui a déjà la réputation d'être incompréhensible, refuse la proposition. Whistler se tourne alors vers un autre éditeur, James R. Osgood, Mc Ilvaine & Co, représentant du *Harpers's Magazine* en Europe. L'affaire semble en bonne voie, et Mallarmé peut écrire le 29 septembre à Méry Laurent : « ... voici l'affaire faite, des quatrains, les miens, à Londres ; d'où Whistler, qui a mis là une obstination amicale et charmante, m'apprend qu'ils vont paraître en un délicieux petit volume » (*LML*). L'éditeur londonien accepte en effet de publier la plaquette (en édition courante et en édition de luxe), si bien que Mallarmé peut, au début de 1893, préparer le manuscrit, comportant quatre-vingt-neuf quatrains, des *Récréations Postales* — c'est le titre retenu — dont la couverture, dessinée par lui, reproduit le format et la disposition d'une enveloppe, Whistler étant chargé de dessiner le timbre. Mais pour d'obscures raisons, l'édition n'aboutit pas. En septembre 1894, Harrison G. Rhodes, qui avait eu le projet d'une traduction en anglais des œuvres de Mallarmé par Stuart Merrill, et qui vient de lancer à Chicago une revue d'avant-garde, *The Chap Book*, écrit au poète : « Vous souvenez-vous de m'avoir parlé des adresses en vers que vous mettiez aux lettres à vos amis ? M. Whistler et M. Osgood devaient les publier dans un petit livre, je crois. Vous serait-il possible de me laisser en avoir quelques-unes pour les publier dans le *Chap Book* ? Assez pour une ou deux pages ? Nous imprimerions en français, et ne traduirions pas » (*Corr.* VII, p. 60). C'est ainsi que Mallarmé choisit parmi les *Récréations Postales* vingt-sept quatrains qu'il reclasse et retouche. Ces vingt-sept quatrains paraissent dans le *Chap Book* du 15 décembre 1894 sous le titre « Les Loisirs de la Poste ».

Ce n'est qu'en 1920 dans les *Vers de circonstance* que paraîtra, sous le titre retenu pour la publication du *Chap Book*, l'ensemble des quatrains-adresses, augmenté de quatrains non retenus dans le manuscrit des *Récréations Postales* ou postérieurs à son élaboration.

Plutôt que de reprendre, comme le fit l'édition de la Pléiade en 1945, cet ordre qui ne doit rien à Mallarmé, ou de proposer, comme le fit l'édition Flammarion en 1983, un classement composite intégrant dans la classification des *Récréations Postales* les quatrains qui n'y figuraient pas, nous avons préféré respecter, quitte à publier deux fois quelques quatrains, les classements et les titres expressément prévus par Mallarmé.

On trouvera donc d'abord, sous le titre « Les Loisirs de la Poste », les vingt-sept quatrains du *Chap Book*, les seuls jamais publiés par Mallarmé lui-même ; puis, sous le titre de « Récréations Postales », les quatre-vingt-neuf quatrains (y compris les vingt-sept des « Loisirs de la Poste ») préparés en 1893 pour la publication à Londres ; enfin, tous les autres quatrains non retenus par Mallarmé ou postérieurs aux deux ensembles précités.

La constitution du recueil

— Premier recueil de quatrains-adresses, le carnet de 1892 comporte la copie de 68 quatrains (plus un quatrain sur une enveloppe collée ultérieurement) pour 53 destinataires : Coppée (2), Robin, Roujon, Verlaine, Séailles, Méry Laurent (7), Beurdeley, Champsaur, Mirbeau (2), Becque, Holmès, Monet, Mlle Ponsot, Portalier, Desboutin, Mme Manet (2), Fournier (2), Mlle Wrotnowska (4), Dauphin, Mme Duvivier (2), Vanier, Louise Méline, V. Margueritte (3), É. Sosset, Houdry, Marquis de Trévise, Montant, Mme Virot, Sosset, Mme Seignobos, Aline Grignon, Siredey, Mme Normant, Mme Madier de Montjau, Villiers, Mlle Abbéma, Evans, Mme Libert, Béranger, Marras, Amélie Pellerin, Leclère, Tola Dorian, Gaillard, Mme Greiner, Grosclaude, Terras, Victoria Dewintre, Mme Schneider, Mme Lebrun, Mme Landowers, Mlle Labonté, Chausson. Le carnet porte en outre cette note au crayon rouge : « A ajouter pour compléter les 80 [suivent les 15 noms suivants :] Whistler / Degas / Helleu / Renoir / Mendès / Dierx / de Hérédia / Rodenbach / Cladel / Picard / de Régnier / Vielé-Griffin / Duret / dr Hutinel / Mme Degrandi ».

— Peu après, Mallarmé entreprend de composer de nouveaux quatrains, comme en témoigne le ms B, ensemble de feuilles volantes où figurent vingt quatrains-adresses, pour la plupart des brouillons, à Mendès, Hutinel, Vielé-Griffin, Rodenbach, Whistler, Beurdeley, Perrin, Huysmans, Heredia, Morice, Duret, Delzant, Redon, Méry Laurent (« Méry Laurent ne blâme point... »), Rochegrosse, Helleu, Mmes Mallarmé, R. de Bonnières, Degas, Mme Degrandi. Ce manuscrit a dû servir de brouillon pour les *Récréations Postales.* Outre les vingt quatrains, on y trouve en effet une liste de 71 noms représentant 86 quatrains, soit tous ceux des futures *Récréations Postales* (moins trois, ceux de Herold et Mélanie Laurent, et le quatrain « Vite Boulevard Lannes, neuf... » à Méry Laurent). Cette liste comporte en outre quelques noms qui ont été rayés : Béranger, Mary, Mauclair, Picard, Sosset. Rayé aussi, en face du nom de Méry Laurent, le quatrain « Facteur qui de l'État émanes... ».

— Sans doute dans le même temps, il corrige au crayon rouge

nombre de quatrains du carnet de 1892 et en élimine 9 (un des sept de Méry Laurent) — « Facteur qui de l'État émanes... », comme dans le ms B —, un des trois de V. Margueritte — « Victor Margueritte. On t'enjoint... » —, et ceux de Gaillard, Aline Grignon, Mme Madier de Montjau, Siredey, Sosset, Terras, Vanier.

— Au début de 1893, il met au net le manuscrit des *Récréations Postales.* On y retrouve les quatrains du carnet de 1892 moins les 9 éliminés, celui de Béranger et celui du Marquis de Trévise, soit 58, et 31 nouveaux, soit ceux de Bonnières, Bourges, Cazalis, Degas, Degrandi, Delzant, Dierx, Dujardin, Duret, Helleu, Heredia, Herold, Hutinel, Huysmans, Lamoureux, Mélanie Laurent, Mmes Mallarmé, P. Margueritte, Mendès, Morice, Perrin, W. Ponsot, Redon, Régnier, Renoir, Rochegrosse, Rodenbach, Vielé-Griffin, Whistler, Wyzewa, ainsi que le quatrain « Méry Laurent ne blâme point... » qui n'est d'ailleurs pas un quatrain-adresse. Ces 31 quatrains nouveaux sont donc tous de la fin de 1892 ou du début de 1893. Les 89 quatrains sont classés en 10 sections de 9 (la cinquième étant incomplète).

— Fin septembre 1894 enfin, il sélectionne 27 des 89 quatrains pour le *Chap Book.* Sur le manuscrit des « Loisirs de la Poste », les quatrains sont classés trois par trois.

Page 55. LES LOISIRS DE LA POSTE

Pour les vingt-sept quatrains des « Loisirs de la Poste », nous reproduisons exactement le texte du *Chap Book,* sauf pour les rares coquilles corrigées par Mallarmé lui-même sur son exemplaire.

Quant à l'annotation, on se reportera aux « Récréations Postales », où se retrouvent ces quatrains.

Page 61. RÉCRÉATIONS POSTALES

Malgré l'hommage rendu à l'administration postale dans la préface, tous les quatrains réunis par Mallarmé dans *Récréations Postales* n'ont pas été envoyés par la poste : certains ne sont même pas des quatrains-adresses (voir le quatrain à Charles Morice, par exemple) ; d'autres ont dû être composés en vue de la publication.

Pour les quatre-vingt-neuf quatrains des « Récréations postales », nous reproduisons fidèlement le manuscrit préparé par Mallarmé[1], même pour les quatrains qui ont été parfois retouchés pour le *Chap Book.*

Page 63. I. POÈTES

1. Original inc.
Ms 1892, ms RP

1. Nous restituons simplement le point final les rares fois où il a été omis.

V. 1 : Courez tous facteurs ! > Courez, les facteurs, ms 1892
François Coppée a été élu à l'Académie en 1884.

2. Original inc.
Ms 1892, ms RP, ms LP
The Chap Book, 15 décembre 1894, p. 112.
V. 2 : *Où le* vent > sans qu'un vent ms 1892
V. 4 : Rue, ah ! > Rue, or ms 1892

3. Original inc. [24 décembre 1885]
Ms 1892, ms RP, ms LP
The Chap Book, 15 décembre 1894, p. 115.
V. 2 : Ce billet, *si* tu > Ce billet, quand tu ms 1892
Verlaine accusa ainsi réception du quatrain, le 25 décembre 1885 : « Mon cher Mallarmé, / Votre lettre m'est parvenue, ce qui prouve qu'avec la rime riche, et quelle rime, Ferlane, Verlaine ! on arrive à tout » (*Corr.* V, pp. 273-274).

4. Original inc. [2 juin 93]
Ms B, ms RP, ms LP
The Chap Book, 15 décembre 1894, p. 112.
V. 1 : Mendès, je dis Catulle > Mendès aussi Catulle ms B : Mendès aussi Catulle ms LP, *CB*
V. 4 : Rue, *et* > Rue, au ms B
D'après *OC*, ce quatrain aurait figuré sur une enveloppe timbrée du 2 juin 1893. On peut se demander si le cachet n'a pas été mal lu et s'il ne s'agit pas plutôt du 2 janvier 1893.

Page 64.

5. Original : BI, ms 5689, f° 6 (CP : 25 FÉVR 93)
Ms B, ms RP, ms LP
The Chap Book, 15 décembre 1894, p. 112.
V. 1 : *Preste* (> *Toute* > Apte) à ne *pas* (> point) ms B
V. 2 : Poste, j'ajouterai > Poste et j'ajouterai ms B, ms RP
V. 3 : Si tu ne *vas* > cours = fuis ms B : Si tu ne fuis ms LP, *CB*

6. Original inc.
Ms 1892, ms RP
L'Événement, 13 novembre 1886 (*É*).
V. 3 : De voir parmi ses familiers *É*, ms 1892
Ce quatrain, cité par F. Champsaur dans *L'Événement* du 13 novembre 1886, est donc antérieur à cette date.

7. Original inc.
Ms RP, ms LP
The Chap Book, 15 décembre 1894, p. 115.
Léon Dierx était originaire de La Réunion (« où mûrit le letchi »).

8. Original : Doucet 569 F. VII. 26 (CP : 29 MAI 88)

Ms Doucet MNR Ms 1209, ms 1892, ms RP
V. 1 : tout *écume* > tout crinière ms Doucet
L'original figure sur une bande postale de *La Revue indépendante* qui a dû servir à l'envoi de la traduction du *Ten O'Clock* de Whistler dédicacée par le peintre et le poète.

9. Original inc.
Ms 1892, ms RP, ms LP
The Chap Book, 15 décembre 1894, p. 114.
V. 2 : qui *vis* les > qui vois les ms 1892
V. 4 : *ceci* > *ce mot* > ceci ms 1892
Les Damps (Eure) : nom de la propriété où les Mirbeau s'installèrent en 1889.

Page 65. II. PEINTRES

1. Original inc.
Ms B, ms AML, ms RP, ms LP
The Chap Book, 15 décembre 1894, p. 111.
V. 2 : Jaillira si > Sonnera si ms B : Sonnera si ms LP, *CB*
V. 3 : Whistler ou Madame ms AML
Les Whistler s'étaient installés rue du Bac le 27 janvier 1893.

2. Original : FS in *JJM2* (CP : 13 [...] 1887)
Ms 1892, ms RP, ms LP
The Chap Book, 15 décembre 1894, p. 113.
D'après D. Rouart, le livre était un numéro de *La Revue indépendante* envoyé à la fin de l'été 1887. La rue de Villejust (aujourd'hui rue Paul-Valéry) était proche du Bois de Boulogne.

3. Original : coll. A. Rodocanachi (CP : 8 JUIL 90)
Ms 1892, ms RP, ms LP
The Chap Book, 15 décembre 1894, p. 113.
V. 1 : Sans t'endormir ms O : Sans *te coucher* > t'étendre ms 1892 : Sans t'étendre ms LP, *CB*
Depuis 1880, les Eugène Manet louaient l'été une maison à Mézy (Yvelines).

4. Original inc.
Ms B, ms RP, ms LP
The Chap Book, 15 décembre 1894, p. 111.
V. 1 : au vingt-*un* > vingt-trois ms B : au 23 ms LP, *CB*
V. 2 : *Au confrère* > *En le réveillant* > Sitôt le réveil à > Sitôt Juin à Monsieur ms B : Sitôt *le réveil à* > Sitôt Juin à Monsieur ms RP
V. 3 : Ma satisfaction ms B, ms RP
V. 4 : Avec les chastes syringas ms B (*avec les var. suivantes pour* les chastes : même les = la fleur > les fleurs des = aussi les = les ivres)
C'est bien au 23, rue Ballu qu'habitait Degas (et non au 21 comme Mallarmé l'a d'abord écrit).
Syringa est l'orthographe étymologique (c'est le même mot que syrinx, la flûte de Pan).

Page 66.

5. Original inc.
Ms 1892, ms RP, ms LP
The Chap Book, 15 décembre 1894, p. 111.

6. Original inc.
Ms AML, ms RP, ms LP
The Chap Book, 15 décembre 1894, p. 111.
V. 1 : Cité des Arts ms AML

7. Original inc.
Ms B, ms RP
V. 2 : Bugeaud, ce [*blanc*] Helleu ms B : ce gracieux Helleu *VC*
V. 4 : ses extases > le délice ms B

8. Original inc.
Ms B, ms RP
V. 1-4 (premier état avant corrections) :

Stryges, n'offrez votre humérus
Ainsi qu'un fallace édredon
Rue ancienne de Fleurus
Vingt-sept, au cher songeur Redon ms B

Les corrections aboutissent à la version RP, sauf que *fallace* est remplacé par *succinct*.

Dans les carnets C et B, on trouve en outre une copie de ce quatrain inachevé :

Samois, dans le presbytère
Vieux, jusqu'à midi Redon
Avec réitère
Un somme parmi l'édredon.

9. Original inc.
Ms B, ms RP
V. 1 : interminable = (il la faut trouver) = inoubliable ms B
V. 3 : *Rit un jardinet clos* > La grille d'un cher clos ms B
V. 4 : peindre, songeur > peindre et songer ms B

Page 67. III. LITTÉRATEURS

1. Original inc.
Ms B, ms RP
V. 2 : *logis* > séjour ms B : *séjour* > logis ms RP
V. 3 : Satan *jadis* > *toujours* > longtemps > tout haut ms B

2. Original inc.
Ms 1892, ms RP
V. 2 : *prompt* > *vif* > prompt ms 1892
V. 4 : rue, au 17 > rue, et 17 ms 1892

3. Original : BN Nafr 15618, f° 232 (CP : 14 OCT 92)
Ms RP

4. Original inc. [17 octobre 1892]
Ms RP
L'original devait comporter les deux quatrains séparés, puisque P. Margueritte répondit : « Pardonnez-moi [...] de vous remercier si tard du si exquis, des si exquis quatrains que vous m'avez envoyés. Ils sont aussi beaux l'un que l'autre, mais le second pourtant, plus que le premier. Mon ambition serait de les avoir tous les deux, ou avec la variante en note ! » (*Corr.* V, p. 133).

Page 68.

5. Original inc.
Ms 1892, ms RP, ms LP
The Chap Book, 15 décembre 1894, p. 114.
Blaude : doublet dialectal de blouse.

6. Original : coll. A. Rodocanachi (CP : [2] JANV 93)
Ms B, ms RP

7. Original : FS, Doucet MNR Ms 711 (CP : 5 FÉVR 93)
Ms B, ms RP
V. 1-3 : Si tu veux vivre (> Tel qui veut vivre > Tels qui revivront) [sur l'airain
Dédaigneux du *str ou du* > *Plutôt qu'en le* simili- > Dédai- [gneux de simili-
Va-t'en chez l'éditeur > Doit s'imprimer chez Paul > S'impriment [vifs chez Paul ms B

8. Original inc.
Ms 1892, ms RP, ms LP
The Chap Book, 15 décembre 1894, p. 114.

9. Original inc. (attesté et transcrit dans *CMR*)
Ms 1892, ms RP
V. 2 : *Se disperse l'aube* rouge > L'Aube s'enfuit bleue et rouge ms 1892
Le texte de *CMR* est celui de l'état corrigé de ms 1892.

Page 69. IV. QUELQUES DAMES

1. Original : Doucet MNR Ms 25 (CP : 24 MAI 84)
Ms 1892, ms RP
V. 1 : Que la ms O, ms 1892 : au doux air vainqueur, ms O
V. 3 : T'ouvre, ô mon ms O
La version RP offre une phrase syntaxiquement incomplète.

2. Original inc.
Ms 1892, ms RP, ms LP
The Chap Book, 15 décembre 1894, p. 112.

3. Original inc.
Ms 1892, ms RP
L'Événement, 13 novembre 1886 (*É*).
V. 2 : Du 9 *É*, ms 1892
Ce quatrain, cité par F. Champsaur dans *L'Événement* du 13 novembre 1886, est donc antérieur à cette date.

4. Original inc.
Ms 1892, ms RP
Ordre des vers 2341 > 1234 ms 1892
V. 1 (4) : Sur le Boulevard > Tantôt Boulevard ms 1892

Page 70.

5. Original inc.
Ms 1892, ms RP
V. 2 : *Ton habit vert en drap d'Elbeuf* > Ta tunique verte d'elbeuf ms 1892
V. 3 : ouïr le nid ms 1892

6. Original : coll. A. Rodocanachi (CP : 29 AOÛT 90)
Ms 1892, ms RP, ms LP
The Chap Book, 15 décembre 1894, p. 112.

7. Original inc.
Ms B, ms RP
V. 1-3 : Comme je ne vous blâme point, / Eaux thermales qui la soignâtes, / D'avoir décoré d'embonpoint copie G
V. 3 : D'avoir décoré = D'avoir complété ms B

8. Original inc.
Ms 1892, ms RP
V. 2-3 : Ouvre loin des regards profanes / Ce mot et tout bas le lise à > Nymphe des *bassins* (> tuyaux) et des vannes / Cessant d'arroser me lise à ms 1892 : Nymphe *des tuyaux* (> du parterre) et des vannes / *Cessant d'arroser,* (> Sans la lance d'eau) me lise à ms RP

9. Original inc.
Ms 1892, ms RP
Ordre des vers 2341 > 1234 ms 1892
V. 1 (4) : *Rue, entends moi* (> *on le sait) bien, de la* > Rue antique de la ms 1892
V. 2 (1) : Vite chez > Ceci pour ms 1892

Page 71. V. LITTÉRATEURS ET POÈTES JEUNES

1. Original inc.
Ms RP
Ce quatrain dut être envoyé en janvier 1893 puisqu'une enveloppe timbrée du 27 janvier 1893 porte le quatrain suivant : « Qu'au 89 de la rue / De Rome, où rime Mallarmé, / Aille, sous ce pli bien rimé, / Ma réponse honnête et congrue » (*Corr.* VI, p. 40), par lequel Robert de Bonnières répond manifestement à l'envoi de Mallarmé.

2. Original : BI, ms 5706, fº 321 (CP : 14 OCT 92)
Ms AML, ms RP, ms LP
The Chap Book, 15 décembre 1894, p. 112.
V. 4 : au six même, ms O, ms AML, ms LP, *CB*
H. de Régnier venait d'annoncer son retour de Paray-le-Monial à Paris pour la mi-octobre, en ajoutant : « Ici l'automne est assez beau et les arbres jaunissent bien ».

3. Original : coll. A. Rodocanachi (CP : 2 JANV 93)
Ms B, ms RP, ms LP
The Chap Book, 15 décembre 1894, p. 112.
V. 4 : dans Indre-et-Loire ms LP, *CB*

4. Original : Doucet MNR Ms 1210 (CP : 2 JANV 93)
Ms B, ms RP

Page 72.

5. Original inc.
Ms AML, ms RP
V. 3 : Vit rue ms AML, *VC*
Dujardin était le directeur de *La Revue wagnérienne.*

6. Original : FS in cat. *Les Autographes,* 34, 1988 (CP : 14 DÉC 92)
Ms AML, ms RP
V. 1 : Rue, au deux, des Dames ms AML, *VC*

7. Original inc.
Ms RP

8. Original inc.
Ms B, ms RP
V. 1-3 : Il *vaut* (> *aime* > cherche > obtient), le *bon Charles* (> le [poëte > ce *bon* Charles)
Dans des (> Par les) appartements divers
Qu'un *même ciel* (> *seul* plafond > plafond seul) n'endolorisse [ms B

Page 73. VI. LITTÉRATEURS

1. Original inc.
Ms 1892, ms RP
V. 3 : Poste, va ms 1892

2. Original inc.
Ms B, ms RP
V. 1 : Le *rimeur* > tourneur ms B
V. 2 : L'approche bonne ms B, *VC*

3. Original inc.
Ms 1892, ms RP
V. 2 : Margueritte *est* l'un d'eux > Margueritte, l'un d'eux ms 1892

4. Original inc.
Ms 1892, ms RP
V. 2 : Près de Margueritte > Devant Margueritte ms 1892

Page 74.

5. Original inc.
Ms RP

6. Original inc.
Ms 1892, ms RP
V. 1-2 : Mon silence, ne continue, / *Mais qu'*un (> Pas ! un) bonjour tente l'essor ms 1892

7. Original (?) : Doucet, MNR Ms 25 (sur une enveloppe non postée) [1884 ?]
Ms 1892, ms RP
V. 1-4 : Celle dont l'esprit maître-peintre
Trace maints traits dont il nous cuit,
A nom Victoria Dewintre
Et se plaît cité Gaillard, 8. ms Doucet
V. 2 : Trace maint trait, dont il nous > Traça des traits, dont il vous ms 1892
V. 4 : *Et se plaît* > Et règne > Habite ms 1892

8. Original inc.
Ms RP

9. Original : Doucet MNR Ms 1211 (CP : 2 JANV 92)
Ms 1892, ms RP
V. 1 : dans un manchon ms O : *un* manchon > le manchon ms 1892
V. 3 : Sept, Impasse Guelma, Montmartre (ms O) > Impasse Guelma, sept (> 7) Montmartre ms 1892

1. Original : Doucet MNR Ms 521 (CP : 26 OCT 92)
Ms RP
L'enveloppe contient le mot suivant : « Cher Monsieur Lamoureux / Vais-je oser ; mais vous fûtes favorable tant de fois, que je risque ce plaisir de vous remercier encore. / Votre importun auditeur / Stéphane Mallarmé ».

2. Original inc.
Ms 1892, ms RP, ms LP
The Chap Book, 15 décembre 1894, p. 114.
V. 2 : qu'une blanche parente ms LP, *CB*
Ce quatrain procède par une série de corrections du quatrain 13 (Autres quatrains-adresses).

3. Original inc.
Ms 1892, ms RP, ms LP
The Chap Book, 15 décembre 1894, p. 114.
V. 1 : Arrête-toi, facteur, > Arrête-toi, porteur, ms 1892

4. Original inc.
Ms 1892, ms RP

Page 76.

5. Original inc.
Ms 1892, ms RP
Un, rue ample > Rue, 1 ou 3 copie G/SM

6. Original inc.
Ms 1892, ms RP
V. 2-3 : que *les* (> des) rois / Les *fauvettes* (> rossignols) dans ms 1892

7. Original inc.
Ms 1892, ms RP

8. Original inc.
Ms B, ms RP, ms LP
The Chap Book, 15 décembre 1894, p. 114.
V. 3 : La richesse = La fleur ms B

9. Original inc.
Ms 1892, ms RP, ms LP
The Chap Book, 15 décembre 1894, p. 114.

Page 77. VIII. MÉDECINS

1. Original inc.
Ms 1892, ms RP, ms LP
The Chap Book, 15 décembre 1894, p. 113.
V. 3 : Prudent, songeur > Songeur, prudent ms 1892
V. 4 : Que de courtiser ms LP, *CB*
Le destinataire est le Dr Edmond Fournier, fils d'Alfred Fournier.

2. Original : Doucet MNR Ms 25 (CP : 11 NOV 87)
Ms AML, ms 1892, ms RP
Je voudrais être secourue,
Si mon appel n'est importun,
Tantôt par Alfred Fournier rue
Volney, jadis Saint-Arnaud, un. ms O
V. 2 : Si ce vœu n'était importun, ms AML : L'instant toujours est opportun, ms 1892
V. 3 : Par le docteur A. Fournier ms AML
Ce quatrain est évidemment mis dans la bouche de Méry. C'est en 1879 que la rue fut rebaptisée.

3. Original inc.
Ms AML (2 ms), ms 1892, ms RP, ms LP
The Chap Book, 15 décembre 1894, p. 113.
V. 3 : Et va chez ms AML (2)

4. Original inc.
Ms B, ms RP, ms LP
The Chap Book, 15 décembre 1894, p. 113.
V. 2 : *Grand* > *Fort* > Vrai Sans *latin* (> perruque) ni calvitie ms B
V. 3 : Qu'est *le cher* (> notre = le vrai = le cher) docteur ms B : le cher docteur ms LP, *CB*

Page 78.

5. Original inc.
Ms Doucet D. Sup. XII. 55, ms RP
V. 2 : La lyre *grave* > La lyre noble ms Doucet
Bien que Mallarmé l'ait classé dans ses *Récréations Postales*, ce quatrain n'est sans doute pas un quatrain-adresse.

6. Original inc.
Ms 1892, ms RP
V. 1 : Je veux, au 219 > Je songe, au 219 ms 1892
V. 4 : Que vous, *strophe* > Que vous, Muse ms 1892

7. Original inc.
Ms 1892, ms RP
C'est à l'été de 1886 que Méry prit les eaux à Plombières.

8. Original : coll. Y. Kashiwakura (CP : 22 MAI 84?)
Ms 1892, ms RP
V. 1-2 : Je cherche, oiseau fuyant la nue, / Ma volière (ms O) > Cherche, *oiseau délaissant la nue* (> albatros, plume chenue), La volière ms 1892
L'enveloppe contenait probablement la carte de visite suivante, qui semble commenter le quatrain adresse : « Docteur, cet oiseau-là n'est autre qu'un amical souvenir, parti de la Maisonnette où je n'ai pas eu le plaisir de vous voir ces jours-ci. / S.M. » (coll. part., inédite).

9. Original inc.
Ms 1892, ms B, ms RP
V. 1 : Monsieur *l'adjoint* > Monsieur le Maire ms 1892
V. 2 : *Rare* esprit ms 1892, ms B (> Esprit rare)
V. 3-4 : Soixante-quatre *il* se plaît / Rue ici *même* > Au soixante-quatre se plaît / Rue *aussi* (> ici) la mienne ms 1892
Beurdeley, maire du 8e arrondissement, avait célébré en 1889 le mariage *in extremis* de Villiers.

Page 79. IX. DIVERS

1. Original inc.
Ms 1892, ms RP
V. 1 : *Mot* > Vers ms 1892
V. 2 : *te* glisse > vous glisse ms 1892
V. 4 : vole, avec délice > volez, tout délice ms 1892

2. Original inc.
Ms 1892, ms RP
Sois, *ô ma* demande, (= A votre rêverie > La ronde d'enfants = [Babys, valse ronde) exaucée
De voir tôt (> S'ébat quand) Madame Greiner
Qui, (> Au) trente-neuf, dans la chaussée
D'Antin, *danse* (> frappe) ou gazouille un air ms 1892

3. Original inc.
Ms RP
Dans le ms RP, cette place (IX, 3) est occupée par le quatrain à Amélie Pellerin, alors que Willy Ponsot se retrouve en X, 3, c'est-à-dire dans « Quelques dames » ! Il est possible que les deux n° 3 aient été intervertis dans les deux dernières sections, et nous avons donc rétabli l'ordre le plus logique : Willy Ponsot en IX, 3 et Amélie Pellerin en X, 3.

4. Original inc.
Ms 1892, ms RP
V. 1 : *Mets ma lettre* sitôt > Cette adresse si mal ms 1892
V. 2 : Poste ou je te prends > Porte ou je te mène ms 1892

Page 80.

5. Original inc.
Ms 1892, ms RP
V. 1 : *Ô Billet* > Message ms 1892

6. Original inc.
Ms 1892, ms RP
V. 1 : *Sur* (> Par) le rail *et point* (> et même) en berline ms 1892
V. 2 : Glisse, Message, où je > *Pars,* message heureux si tu ms 1892

7. Original inc.
Ms 1892, ms RP
V. 3 : qu'au ciel on soit > qu'on soit au ciel ms 1892

8. Original inc.
Ms 1892, ms RP
V. 1-2 : Dans les Vosges *cabre-toi* (> piaffe), rue / Mais galope, Facteur (> Piéton, arrive), crédié ms 1892

9. Original inc.
Ms 1892, ms RP
V. 4 : *A* Nancy là bas > Nancy tout là-bas ms 1892

Page 81. X. QUELQUES DAMES

1. Original inc.
Ms 1892, ms RP
V. 2-3 : au *château* (> manoir) sis / En *pleine* (> toute) verdure ms 1892
L'adresse est celle de Mme Normant, sœur d'Henry Roujon. L'avenue du Bois est l'actuelle avenue Foch.

2. Original inc.
Ms 1892, ms RP, ms LP
The Chap Book, 15 décembre 1894, p. 113.
V. 3 : Nous saluer > Vous saluer ms 1892

3. Original inc.
Ms 1892, ms RP
V. 1 : ou bien > ou même ms 1892
V. 3 : Portez ce pli > Porte ceci ms 1892
V. 4 : Pellerin, facteur, il copie G

4. Original inc.
Ms 1892, ms RP, ms LP
The Chap Book, 15 décembre 1894, p. 113.
V. 1 : Rue, et 8 ms LP, *CB*
La rue de la Barouillère est l'actuelle rue Saint Jean-Baptiste de la Salle.

Page 82.

5. Original inc.
Ms 1892, ms RP
V. 4 : Très loin > Si loin ms 1892

6. Original inc.
Ms 1892, ms RP
V. 2 : La main *charmante* > La main petite ms 1892
V. 4 : Rue enfin de > Rue au 8 de > Rue, huit, seul, de ms 1892 : Rue (au 8) > Rue enfin copie G/SM

7. Original inc.
Ms 1892, ms RP
V. 1 : Rue *ici* de > Rue, ô jeux ! de ms 1892
V. 4 : De ses rires > De son rire ms 1892

8. Original inc.
Ms Doucet, D. Sup. XII. 55, ms RP
V. 2 : Laurent verse du thé sans bruit ms Doucet
Le ms RP comporte une erreur au v. 4 : Rue au dit de la Barouillère huit., *ce qui fait une syllabe de trop. Nous reprenons donc la version du ms Doucet.*

9. Original inc.
Ms B, ms RP
V. 1 : Par *l'averse* > Par la bise ms coll. part.
V. 3 : *Va* > Rue
V. 4 : Madame > Mesdames ms RP

Page 83. [AUTRES QUATRAINS-ADRESSES]

1. Original inc.
Ms AML
Verlaine fit de nombreux séjours à Broussais entre le 5 novembre 1886 et le 3 novembre 1893.

2. Original : FS in *JJM2* (CP : 29 AOÛT 94)

3. Original : coll. Rouart (*PBM*) (CP : 8 SEPT 94)
Ms Doucet MNR Ms 1212

4. Original inc.
Quatrain antérieur à 1887, date à laquelle Dupray déménagea rue de la Condamine.

Page 84.

5. Original inc.
Ce quatrain n'est sans doute pas antérieur à 1895, les relations cordiales avec Giacomelli datant de cette année.

6. Original inc.
Ms 1892 (Éliminé)

7. Original : coll. A. Rodocanachi (CP : 14 AOÛT 94)

8. Original : coll. A. Rodocanachi (CP : 28 JUIN 86)

9. Original inc.
Ms 1892 (Éliminé)

Page 85.

10. Original (?) : coll. A. Rodocanachi (sur une enveloppe non postée)
Ms 1892
Ce quatrain, portant de nombreuses corrections sur le ms 1892, a servi de brouillon au quatrain VI, 8.

11. Original inc.
Ms 1892 (Éliminé)

12. Original : coll. A. Rodocanachi (CP : 21 DÉC 85)

13. Original inc.
Ms 1892
Ce quatrain est le premier état du quatrain VII, 2.

14. Original : Doucet MNR Ms 523
Ce quatrain est inscrit en travers d'un billet à Méry qui date probablement du début janvier 1886.

Page 86.

15. Original inc.
Ms 1892 (Éliminé)

16. Original inc.
Ms 1892 (Éliminé)
Quatrain antérieur à octobre 1890, date à laquelle Mme Madier de Montjau était mourante.

17. Original inc.

18. Original inc.
Ms 1892 (Éliminé)

19. Original (?) : Doucet MNR Ms 25 (sur une enveloppe non postée) [1884?]

Page 87.

20. Original inc.
La date de ce quatrain doit être voisine du 10 janvier 1895, date à laquelle Allys Arsel déclama des vers de Mallarmé (et notamment *Hérodiade*) à la Bodinière.

21. Original inc.
Quatrain postérieur à octobre 1894, date du mariage du prince André Poniatowski avec l'Américaine Elizabeth Sperry.

22. Original inc. [30 décembre 1895]
L'enveloppe portant le quatrain contenait une lettre à Octave Mirbeau commençant par ces mots : « Voici l'adresse, pour Carrières, que souhaita la Dame. Bonjour, mes amis, pour ce nouvel an… » (*Corr.* VII, p. 316). Les Mirbeau s'étaient installés à Carrières-sous-Poissy en 1893.

23. Original inc.
Ms 1892

24. Original (?) : Doucet MNR Ms 25 (sur une enveloppe non postée) [1884?]
Ms 1892
L'adresse est celle du journal *L'Art et la mode.* Montant devait sans doute y travailler.

Page 88.

25. Original inc.
Ms 1892 (Éliminé)
Le Télégraphe était un quotidien de la gauche républicaine.

26. Original (?) : Doucet MNR Ms 1213 (sur une enveloppe non postée)
Mallarmé écrit Soucques sur l'original, mais le nom véritable, rétabli par *VC,* est Souque. C'est en 1881 que Souque s'installa rue de Rome.

27. Original (?) : Doucet MNR Ms 25 (sur une enveloppe non postée) [1884?]
La feuille en question, domiciliée au 10 du boulevard des Italiens, est le journal *L'Événement.* S'affichant comme « Le plus littéraire, le mieux informé », c'était un concurrent républicain du *Figaro.*

28. Original inc.

29. Original inc.
Ms 1892 (Éliminé)
Sans doute s'agit-il du frère d'Élisa Sosset, la femme de chambre de Méry, qui envoyait régulièrement des jambons aux Mallarmé.

Page 89.

30. Original inc.

31. Original inc.

32. Original : FS, coll. part. (CP : 9 SEPT 92)

33. Original inc.

34. Original inc.

Page 90.

35. Original inc.

36. Original (?) : Doucet MNR Ms 25 (sur une enveloppe non postée) [1884?]
Premier état dans copie G :

> Au talus fleurit maint arbuste
> Afin qu'il rêve sous l'un d'eux
> Poste va me chercher Auguste
> Bouillant, rue Oberkampf, deux.

Mallarmé joue sans doute ici les secrétaires de Méry, l'hôtesse des Talus.

37. Original inc.
Ms 1892 (Éliminé)

38. Original inc.
Émile Willaume est le neveu de Méry Laurent.

39. Original inc.

Page 91.

40. Original inc.
Ms 1892
V. 1-2 : Remettez sans le déranger / Ce mot d'une > Ce carton sans le déranger / Présenté de ms 1892
L'adresse est celle du ministère de la Justice.

41. Original (?) : Doucet MNR Ms 25 (sur une enveloppe non postée) [1884?]

42. Original inc.

43. Original inc.

44. Original inc.

Page 92.

45. Original inc.
Quatrain publié par Édouard Champion dans *Lettres romandes* du 25 novembre 1934.

46. Original inc.
Stéphanie est le nom de la tortue de Méry. Il est question d'elle dans la lettre de Méry dont l'enveloppe porte le quatrain qui suit.

47. Original : Doucet (non coté)
Ce quatrain-adresse se lit, de la main de Méry Laurent, sur l'enveloppe d'une lettre par elle envoyée à Mallarmé avec le CP du 3 JUIN 84.

Page 93.

ÉVENTAILS

Sous ce titre, Mallarmé a lui-même publié en 1896, dans *Au Quartier latin,* cinq de ces Éventails dans l'ordre suivant : 3, 2, 5, 6, 16.

Deux Éventails figurent dans l'édition Deman des *Poésies,* « Éventail / de Madame Mallarmé » et « Autre éventail / de Mademoiselle Mallarmé » (*Poésies,* pp. 47 et 48) ; un troisième, « Éventail » [de Méry Laurent], fut inséré par Henri Mondor dans les *Poésies* pour l'édition de la Pléiade (*OC,* pp. 58-59, et *Poésies,* pp. 162-163). On le trouvera dans l'Appendice I.

1. Original inc.
Ms coll. part. (brouillon)
V. 1 : paradis = *élysée* ms
V. 3 : votre seul (= pur) délire ms
Éventail antérieur à octobre 1890, date à laquelle Mme Madier était mourante.

2. Original inc.
Au Quartier latin, 4e année, no 1, Mi-Carême 1896, p. 22.
Dédicace : Mlle G[eneviève] M[allarmé] (*AQL*). La dédicace est rayée par Mallarmé sur une coupure de la revue.

3. Original : Doucet no 105
Ms AML, copie G/SM

Au Quartier latin, 4e année, nº 1, Mi-Carême 1896, p. 22.
Dédicace : Mme M. R. (*AQL*)
V. 1 : Simple / tendre / aux prés ms O, ms AML
V. 1-2 : tendre, *au jour* (> aux prés) se mêlant / Ce *qu'une églantine* (> que tout buisson) copie G/SM
Éventail de Madeleine Roujon.

4. Original inc.
Destinataire inconnue.

Page 94.

5. Original : Doucet nº 109
Au Quartier latin, 4e année, nº 1, Mi-Carême 1896, p. 22.
Dédicace : Mme N. M. (*AQL*)
Éventail de Nelly Marras.
Jean Marras était depuis 1892 conservateur du dépôt des marbres.

6. Original inc.
Au Quartier latin, 4e année, nº 1, Mi-Carême 1896, p. 22.
La dédicace à « Mme M. L. » (*AQL*), rayés par Mallarmé sur une coupure de la revue, est devenue « Pour Vève » dans copie G (carnet B) et « A Mlle Geneviève Mallarmé » dans *VC*.

7. Original : coll. L. Scheler
L'éventail peut être daté de février 1891 d'après une lettre à A.-F. Herold du 14 février, où Mallarmé écrit qu'il [l'éventail] est prêt.

8. Original : FS in *AMRod*
Dédicace : A Madame Georges R[odenbach].

9. Original inc.
Copie G/SM
V. 3 : Pardonnez copie G
V. 4 : Votre > Ton = Un copie G/SM
Destinataire inconnue.

Page 95.

10. Original inc.

11. Original inc.
Destinataire inconnue.

12. Original : coll. T. Bodin
Éventail de Misia Godebska.

13. Original : Doucet nº 108
Éventail de Mme Dauphin.

14. Original : FS in P. O. Walzer, *Mallarmé*, Seghers, 1963
Brouillon (de la main de SM) in carnet C
V. 1 : n'arrête = n'effarouche carnet C
V. 4 : tête = bouche carnet C
Éventail de Mme Gravollet, portant cette dédicace : « A mon amie Madame Gravollet / Stéphane Mallarmé / 1er janvier 1895 ».

Page 96.

15. Original inc.
Envoyé à Mme Ponsot pour la sainte Marguerite (20 juillet) en 1893.

16. Original inc.
Ms AML, copie G/SM
Au Quartier latin, 4e année, no 1, Mi-Carême 1896, p. 22.
V. 3 : Ne m'ouvrez jamais ms AML : *jamais* > aile copie G/SM
La dédicataire (Mme de R. dans *AQL*) est sans doute Mme de Rute, alias Mme Rattazzi, sœur de W. Bonaparte-Wyse, et petite-fille de Lucien Bonaparte.

17. Original : Doucet no 107
Autre éventail : Doucet no 106
Le même quatrain se lit sur deux éventails, l'un avec la date « Août 1886 », l'autre avec celle du « 12 juin 1887 ». Les deux portent la dédicace : A Augusta Holmès. Celle-ci était la maîtresse de Mendès.

18. Original inc.
Sans doute un éventail de Méry (cf. « Photographies » 2).

19. Original : Doucet no 96
Sous le distique se lit la signature ainsi complétée : « Ce n'est pas Stéphane Mallarmé ».

Page 97. OFFRANDES A DIVERS DU FAUNE

Sous ce titre, Mallarmé a lui-même publié en 1898, dans *Au Quartier latin*, sept de ces dédicaces dans l'ordre suivant : 3, 4, 5, 7, 10, 2, 9.

L'Après-midi d'un faune connut plusieurs éditions :

— L'édition Derenne, 1876, édition originale de luxe illustrée par Manet.

— L'édition de la Revue indépendante, 1887, édition « courante et définitive ».

— L'édition Vanier, 1887, qui reprend en réduction l'édition Derenne avec les illustrations de Manet, et dont Mallarmé fut fort mécontent (voir la dédicace 22).

Hormis la dédicace 22, toutes les dédicaces concernent l'édition originale (1876) ou l'édition courante (1887).

1. Original : ex. n° 48 (1876), Doucet 624 E IV II
Ms coll. part., copie G/SM
V. 3 : Aux portes du salon quand ms O, ms coll. part. : Aux portes du salon > Au salon recueilli copie G/SM
« Le Faune / Exemplaire de Madame Manet (1876) » (ms coll. part.).

2. Original inc.
Ms coll. part., copie G/SM
Au Quartier latin, 6e année, n° exceptionnel 1898, p. 31.
V. 1-2 : Faune ! qui plus fort qu'aux bocages un train / Siffles ce que seul bas ms coll. part. : qui plus fort qu'aux > comme passe aux copie G/SM : Siffle ce que *seul* bas > Qui siffles ce que bas copie G/SM
V. 3 : mon quatrain ms coll. part. : mon > ce copie G/SM
« Le Faune / Exemplaire de Mlle Lemonnier (1876) » (ms coll. part.).

3. Original : ex. n° 97 (1876), FS in cat. HD, 26 novembre 1993
Au Quartier latin, 6e année, n° exceptionnel 1898, p. 31.
Destinataire inconnue (peut-être Méry).

4. Original : (1887), Doucet MNR Ms 33
Au Quartier latin, 6e année, n° exceptionnel 1898, p. 31.
L'édition Dujardin (= de la Revue indépendante) du *Faune* était évidemment plus rustique que l'édition Derenne.

Page 98.

5. Original inc.
Au Quartier latin, 6e année, n° exceptionnel 1898, p. 31.

6. Original : ex. n° 161 (1876), FS in cat. vente, Genève, 21-24 septembre 1937
Ex libris « de Victor Margueritte ».

7. Original inc.
Au Quartier latin, 6e année, n° exceptionnel 1898, p. 31.

8. Original inc.
Le destinataire est le peintre Henry Dupray, spécialisé dans la peinture militaire.

9. Original inc.
Copie G/SM
Au Quartier latin, 6e année, n° exceptionnel 1898, p. 31.
V. 2 : pourchasses avec > pourchasses outre copie G/SM
V. 3 : La nymphe fauve > La fauve nymphe copie G/SM
Destinataire inconnu.

Page 99.

10. Original inc.
Au Quartier latin, 6e année, no exceptionnel 1898, p. 31.
Destinataire inconnu.

11. Original inc.

12. Original inc.
Ms coll. part.
Daté de 1895 dans *VC.*

13. Original inc.
Cette dédicace fut inscrite en juillet 1891 sur l'exemplaire du poète et pianiste Pierre René Hirsch, alors mourant, mais ne lui parvint qu'après sa mort.

14. Original inc.
Daté de 1895 dans *VC.*

Page 100.

15. Original inc.
Ms Doucet MNR Ms 1214 (2 brouillons)
V. 1 : Faune (> Poète > Sylvain) dans l'ombre première brouillon 1
V. 2 : réussi*t* > a réussi brouillon 2
V. 3-4 : Ouïs *le cri* de (> toute la) lumière / *Qu'y exhale* (> Que *lui* souffle > Qu'y soufflera) Debussy brouillon 2
La première du *Prélude* de Debussy eut lieu le 22 décembre 1894.

16. Original inc.
Cette dédicace avait été réclamée par Heredia dans une lettre du 30 août 1888.

17. Original : ex. no 91 (1876), Univ. de Glasgow
Ex libris « de James M.N. Whistler ».

18. Original : ex. no 181 (1876), coll. part.
Ex libris « at "The Sussex Bell" ». La dédicace date de 1894.

19. Original : ex. no 187 (1876), FS in *Empreintes* no 5, nov.-déc. 1948
Ex libris « de Madame Rachilde ».

20. Original : (1887), FS : coll. part.
« Exemplaire du Boulevard Lannes », avec cette dédicace : « A sa chère et bonne Méry / Stéphane Mallarmé ».

Page 101.

21. Original : ex. nº 83 (1876), FS in cat. HD, 20-21 avril 1989
Ex libris « d'Alidor Delzant ».

22. Original : coll. L. Clayeux
Inédit.
Dédicace à Alidor Delzant de l'édition Vanier du *Faune.*

23. Original inc. : ex. nº 109 (1876), cat. HD, 15-16 juin 1967
Destinataire effacé : « Madame Marthe [Duvivier] ».

24. Original : ex. nº 88 (1876), BN, Rés. 4º Z Don 211 (5)
Ex libris « de Jean Marras ».

25. Original : ex. nº 178 (1876), Moran Collection, St John's College, Cambridge
La dédicace signée est suivie de la date « 1888 ».
Cet exemplaire dédié à Edmond Bailly fut acquis par Christopher Brennan qui mit son nom sur l'ex libris avec la date du « 22 jan. 1902 ».

26. Original inc.
Cette dédicace du *Faune* date sans doute de 1896 (voir *Corr.* VIII, p. 216).

27. Original inc.
Inédit.
Ce distique de la main du poète Henry Charpentier sur un papier à lettre à son nom et signé d'une imitation du monogramme de Mallarmé (coll. part.) est sans doute la copie d'une dédicace du *Faune* à Albert Saint-Paul.

Page 103.

PHOTOGRAPHIES

Les vers 1-7 légendent des photographies de Méry, 8 et 9 de Mallarmé lui-même, et 10 de Mme Mallarmé.

1. Original inc.

2. Original inc.
Copie G/SM
V. 3 : morceau de = morceau bleu corr. SM

3. Original inc.

4. Original inc.

Page 104.

5. Original inc.

6. Original inc.

7. Original inc.
Ms coll. Bonniot (*PBM*)

8. Original inc.
Ms coll. part.

9. Original inc.

10. Original inc.
D'après H. Mondor (*VM*), ce distique daterait du 15 août 1898.

Page 105.

DONS DE FRUITS GLACÉS AU NOUVEL AN

1. Original inc.

2. Original inc.
Les quatrains (et quintil) 2-13 sont dédiés à Mme Dauphin.

3. Original inc.

4. Original inc.

Page 106.

5. Original inc.
Ms coll. part. (brouillon ou copie)

6. Original inc.

7. Original : FS in *Recherches et Travaux,* n° 28, Grenoble, 1985

8. Original inc.

9. Original : Musée Mallarmé [Nouvel An 1893]
Les Dauphin, originaires de Béziers, avaient trois filles.

Page 107.

10. Original : coll. L. Clayeux

« Je me souviens seulement de ces vers-ci adressés à ma femme avec une boîte de tranches d'orange glacées » (L. Dauphin, *Regards en arrière*, 1912).

11. Original : Doucet MNR Ms 1215 [Nouvel An 1895]

12. Original : Doucet MNR Ms 1216 [Nouvel An 1896]

13. Original : coll. A. Rodocanachi [Nouvel An 1897]
Copie G/SM
V. 1 : Le *piano* (> *clavecin* > piano) *clora* (> *ferme* > *a clos* > *va clore* > *clôt* > tendra) son aile copie G/SM
V. 2 : Suave de grand > *Tacite d'ample* copie G/SM
V. 3 : *Et les trois filles* > Que chaque fille copie G/SM
V. 4 : *Cajolent* > *entourent* > Berce*nt* > Y berce copie G/SM

14. Original : coll. A. Rodocanachi [Nouvel An 1898]

Page 108.

15. Original inc.
Même si l'attribution n'en est pas certaine, ce quatrain figure dans l'ensemble des quatrains à Mme Dauphin copiés par H. Mondor (Doucet).

16. Original : FS in cat. HD, 15-16 mai 1975
Copie G/SM
V. 3-4 : Pour vous, absurdes que nous sommes, / Il faudrait les prendre au laurier ! ms O, copie G (avec corr. SM qui donnent notre texte)
A Augusta Holmès (copie G).

17. Original inc.
Ms coll. part. (2 brouillons)
Elle n'*est pas* (> a rien d') une chouette,
Jamais ne me tarabusta
Juif de cœur je lui (= vous) souhaite
Tout ce que défend Augusta brouillon 1
A Augusta Holmès.

18. Original inc.

19. Original inc.
Ms coll. part.
V. 2 : Éparpiller tout le (= le pur) joyau ms coll. part.

Page 109.

20. Original inc.
A Mme Seignobos (copie G).

21. Original inc.

22. Original inc.
A Mme Seignobos. Daté de 1896 dans *VC*.

23. Original inc.
Copie G/SM
V. 1 : *revenez de* > *abandonnez* > renoncez copie G
V. 2 : *Qui* nous fit *autrefois* > Autrefois qui nous fit copie G
V. 3 : *Gaulez quand* > Le cher vent copie G
A Mme Seignobos. Daté de 1897 dans *VC*.

24. Original inc.
Ms coll. part.
V. 2 : Que le docteur = Qu'un oïczé (= papa) puisse ms coll. part.
A une dame polonaise, femme d'un médecin (*VC*), avec cette note à *oïczé* : Père, en polonais.

Page 110.

25. Original inc.
Destinataire inconnu.

26. Original inc.
Destinataire inconnu.

27. Original inc.
Note de *VC* : *Léo, chien de Mme François.*

28. Original : Univ. de Glasgow [Nouvel An 1894]
Ce quatrain fut envoyé à Mme Whistler et sa sœur, la future Mme Whibley, dont le perroquet, après s'être échappé, s'était perché sur un arbre et y était mort de faim.

29. Original (?) : ms AML
Dédicace : A Méry ms AML.

Page 111.

30. Original inc.
Destinataire inconnu.

31. Original : BN, Nafr. 24277, f° 162
Copie G/SM
V. 2 : Maintenant ms O, copie G/SM (> A Paris)
V. 3 : paraisse une ms O, copie G/SM (> semble quelque)
A Paul et Marie Nadar. Gina était sans doute un membre de la famille (elle donna en tout cas son nom au canot de Paul).

32. Original : BN, Nafr. 24277, f° 162
A Paul et Marie Nadar.

33. Original : BN, Nafr. 24277, f° 163 [Nouvel An 1895]
A Paul et Marie Nadar.

34. Original : BN, Nafr. 24277, f° 162 [Nouvel An 1896]
A Paul et Marie Nadar.

Page 112.

35. Original inc. [Nouvel An 1896]
A Paule Gobillard.
Le quatrain fait allusion, d'après *DSM* IV, à une photo prise par Degas (aujourd'hui au Musée d'Orsay) de Paule Gobillard et Mallarmé.

36. Original inc. [Nouvel An 1897]
Copie G/SM
V. 1 : ô railleuse > vous enfuyant > mise en fuite > en le raillant copie G/SM
V. 2 : *Jadis de* > *Toujours de* > Ou bien par copie G/SM
V. 3 : *Hausser* une *très fine* > Tourner une jolie copie G/SM
A Paule Gobillard.

37. Original inc. [Nouvel An 1898]
A Paule Gobillard, surnommée par Whistler « demoiselle Patronne » parce que, en sa qualité d'aînée (de dix ans) des trois cousines orphelines (Paule et Jeannie Gobillard, Julie Manet), elle chaperonnait les deux autres.

38. Original : FS in *JJM1* [Nouvel An 1896]
A Julie Manet. Toute musicienne qu'elle était (piano et violon), elle avait surtout, comme sa mère, la passion de la peinture.

39. Original : coll. A. Rodocanachi [Nouvel An 1897]
Copie G/SM
V. 1 : *Fuyez le pôle* > Fuir la banquise copie G/SM
V. 3 : pour *être si* > pour demeurer copie G/SM
A Julie Manet, qui nota dans son journal (31 décembre 1897) : « M. Renoir est venu nous voir en même temps que M. Mallarmé qui nous apporte à chacune une boîte de bonbons avec un charmant quatrain, comme depuis neuf ans il m'en fait chaque année. Celui-là est très joli, particulièrement doux et "Mallarmé" ».

Page 113.

40. Original : coll. A. Rodocanachi [Nouvel An 1898]
A Julie Manet. Le quatrain la taquine à propos d'une anecdote rap-

portée dans son journal (8 décembre 1897) : « Geneviève nous amuse bien en racontant que dernièrement elle ouvrit la porte à une femme à l'aspect misérable qui demande si M. Mallarmé était bien le tuteur de Mlle Manet, car elle connaissait une comtesse qui l'avait vue à l'église et dont le fils était un charmant jeune homme gagnant 15 000 frs, lui ne connaissant pas Mlle Manet, mais la mère la trouvait charmante, menue, petite, blonde ». Le jeune comte en question se serait nommé Berger.

41. Original : coll. part. (*PBM*) [Nouvel An 1896]
A Jeannie Gobillard.

42. Original : coll. part. (*PBM*) [Nouvel An 1897]
Copie G/SM
V. 1 : le*s cheveux blonds* > le chignon blond copie G/SM
V. 3 : quand *son jeune* > quand avec le copie G/SM
V. 4 : Dompte *par jeu* > Elle dompte copie G/SM
A Jeannie Gobillard, qui était excellente pianiste.

43. Original : coll. part. (*PBM*) [Nouvel An 1898]
A Jeannie Gobillard. L'archer est évidemment Cupidon.

44. Original : coll. part. [Nouvel An 1895]
A Mme Normant (copie G).

Page 114.

45. Original inc. [1896]
A Mme Normant (copie G). Ce don de fruits semble plus estival qu'hivernal.

46. Original inc. [Nouvel An 1897]
Copie G/SM
État premier avant corrections :

> Fruits, fleurs la brise et le mystère
> Un flacon exprès renfermant
> Tout le souvenir du parterre
> Rappelle Madame Normant

A Mme Normant.

47. Original inc. [1898]
A Mme Normant (copie G).

48. Original inc.
Destinataire inconnue.

49. Original : Doucet MNR Ms 1218 [Nouvel An 1896]
A Mme Rodenbach.

Page 115.

50. Original : Doucet MNR Ms 1219 [Nouvel An 1897]
A Mme Rodenbach.

51. Original : Doucet MNR Ms 1217 [Nouvel An 1898]
Monsieur Tintin : Constantin Rodenbach, alors âgé de cinq ans.

52. Original inc.
Destinataire inconnue.

53. Original : FS, coll. part.
V. 1 : Toute *VC*
A Mme Ponsot.

54. Original : coll. A. Rodocanachi [Nouvel An 1896]
A Mme Ponsot.

Page 116.

55. Original : FS, coll. part. [1897]
Copie G/SM
V. 1 : *Avec vous* > *Quelquefois* > Aujourd'hui copie G/SM
V. 4 : *marche* > sorte copie G/SM
A Mme Ponsot.

56. Original : coll. A. Rodocanachi [1898]
A Mme Ponsot.

57. Original : FS in *CMR* (1er janvier 1896)
A Mme Roujon.

58. Original inc.
Destinataire inconnu.

59. A Mme Gravollet. D'après Géo Charles (*Gavroche*, 11 septembre 1947), ce quatrain aurait été inspiré par le chapeau recouvert de fruits de Mme Gravollet.

Page 117.

60. Original inc. [1898]
A Mme Gravollet, qui habitait Bourg-la-Reine.

61. Original inc. [1897]
Copie G/SM
État avant corrections :

Notre affectueux compliment
Dans ces oranges je l'insère
Lorsque tous les deux gentiment
Redevenez des fruits de serres

Destinataire inconnu.

62. Original inc.
Destinataire inconnu.

Page 119. AUTRES DONS DE NOUVEL AN

1. Original : coll. A. Rodocanachi ou coll. part. (le même envoi figure sur deux cartes de visite identiques)
Ms AML
Envoi d'une théière aux Ponsot.

2. Original inc.
Envoi d'un miroir.
Destinataire inconnue.

3. Original : coll. A. Rodocanachi
Envoi d'un miroir.
Destinataire inconnue.

4. Original inc.
Ms AML
Quatrain destiné à Méry « avec un verre d'eau / Noël 1895 » (AML).

Page 120.

5. Original : coll. A. Rodocanachi
Ms coll. part., ms AML
V. 3 : assis en un ms AML
« au col d'un chat de faïence noir » (AML). Quatrain destiné à Méry et daté de 1894 (*VC*).

6. Original inc. [1898]
Envoi à Méry d'une chaufferette ancienne (*VC*).

7. Original inc.
Don de mouchoir. La destinataire est Élisa Sosset.

8. Original inc.
Don de mouchoir.

9. Original inc.
Don de mouchoir.

Page 121.

10. Original : coll. part.
Don de mouchoir.

11. Original inc.
Don de mouchoir.

12. Original inc. [1896]
Don de mouchoir.

13. Original inc. [1897]
Ms coll. part. (brouillon)
V. 1 : *Quoique* > *Malgré qu'* > Quoique ms coll. part.
V. 3 : *Élisa recevez* > *Acceptez, Lisa* > Lisa, recevez
Don de mouchoir.

14. Original inc. [1898]
Don de mouchoir. Princesse est la petite chienne japonaise de Méry.

Page 122.

15. Original inc.
Ms coll. part. (brouillon)
Le titre du ms : « Envoi d'———— » est explicité dans le carnet C : « Envoi d'un gâteau de marrons ».
Destinataire inconnue.

16. Original : coll. Rouart (*PBM*) [Nouvel An 1889]
Envoi à Julie Manet de *L'Homme à la flûte* de Robert Browning, Hachette, 1889, où le vers originel est devenu prose en traduction.

17. Original inc. [Nouvel An 1890]
Envoi à Julie Manet de *François le Champi.* Bibi est le surnom de Julie.

18. Original : coll. Rouart (FS in *JJM1*) [Nouvel An 1891]
Envoi à Julie Manet de *Le Victor Hugo de la jeunesse,* Marpon et Flammarion, s.d.

19. Original inc. [Nouvel An 1892]
Envoi à Julie Manet. Le Mesnil est le nom du château acquis par les Manet à Juziers (Yvelines) durant l'hiver 1891-1892.

Page 123.

20. Original : coll. A. Rodocanachi [Nouvel An 1893]
Envoi à Julie Manet, dont Mallarmé était depuis la mort de son père en 1892 le subrogé-*tuteur.*

21. Original : coll. A. Rodocanachi [Nouvel An 1894]
Envoi à Julie Manet accompagnant sans doute un des volumes de Victor Hugo que Mallarmé offrit trois ans de suite en étrennes. En 1894 il s'agissait des *Travailleurs de la mer.* Julie Manet et Jeannie Gobillard prenaient des leçons de littérature avec Camille Mauclair.

22. Original : coll. Rouart, FS in *JJM*1 [Nouvel An 1895]
Ms coll. part.
« A Mademoiselle Julie Manet » (ms coll. part.). *DSM* IV signale un tableau inachevé de Berthe Morisot représentant Julie avec ce chapeau.

23. Original inc.
A Jacques Roujon.

24. Original inc.
A Jacques Roujon.

25. Original inc. [Nouvel An 1890]
Ms AML
V. 2 : Les jeunes ans ms AML
Envoi à Jacques Roujon (âgé de cinq ans) d'un livre d'images.

Page 124.

26. Original : coll. A. Rodocanachi [Nouvel An 1895]
Ms AML
Daté « 1er Janvier 1895 » dans AML.

27. Original : coll. A. Rodocanachi [Nouvel An 1896]
Ms AML
A Méry.

28. Original inc. [Noël 1892]
Ms AML
V. 4 : D'un pas > De votre pas ms AML : Plutôt d'un pas *VC*
Envoi à Méry, daté « 25 Décembre 1892 » dans AML. Il ne s'agit donc pas tout à fait d'un don de nouvel an.

29. Original : coll. A. Rodocanachi [Nouvel An 1893]
Ms AML
Envoi à Méry, daté « 1er Janvier 1893 » dans AML.

30. Original inc.

Page 125.

31. Original : Univ. de Glasgow (*PBM*) (CP : 31 DÉC 1894)
A Mme Whistler.

32. Original inc. [Nouvel An 1895]
A Mme Whistler.

33. Original inc.
A Éva Ponsot.

34. Original : coll. Roujon (*PBM*) [Nouvel An 1897]
Copie G/SM
V. 1-2 (avant corrections) : Année heureuse de naître / Douce et réchauffant copie G
Le ms 432.1 de *PBM* n'est pas de la main de Mallarmé, mais du Dr Bonniot.
A Mme Roujon.

Page 126.

35. Original inc.
Destinataire inconnu.

36. Original inc.
A Mlle Marguerite Dauphin. Le distique était écrit, selon Léopold Dauphin, « sur le couvercle d'une arche pleine d'animaux » (*Regards en arrière*).

37. Original : coll. part.
V. 1 : Roses, je *VC*

38. Original : coll. A. Rodocanachi [1895]
Ms coll. Bonniot (*PBM*)
V. 1 : Chaque fleur pense ms O
Envoi de fleurs.

39. Original inc.
Destinataire inconnue.

Page 127.

ŒUFS DE PAQUES

Chaque vers était écrit à l'encre d'or sur un œuf rouge et précédé d'un numéro, de manière à reconstituer le quatrain. — Une seule fois, le numérotage put être omis, et, en intervertissant les œufs, l'ensemble lu ainsi plusieurs fois de façon différente (*VC*).

1. Original inc.
Ms AML
A Méry. Les quatre vers, précédés de la mention « Sur Quatre œufs rouges », sont numérotés et suivis de la date « Pâques 1891 » dans AML.

2. Original inc.
A Méry.

3. Original inc.

4. Original inc.
A Méry.

Page 128.

5. Original inc.
A Méry.

6. Original inc.
Sans doute à Méry.

7. Original inc.
Pour Mme Mallarmé.

8. Original inc.
Pour Geneviève.

Page 131. FÊTES ET ANNIVERSAIRES

1. Original inc.
A Madame Mallarmé. Avec une assiette de vieux Rouen (*VC*).

2. Original : coll. part.
Inédit.
L'original porte en dessous de la signature la date « 1895 ».
A Mme Mallarmé.

3. Original inc. [15 août 1897]
A Mme Mallarmé.

4. Original inc.
Destinataire non précisé ; *PBM* présume qu'il s'agit de Mme Ponsot.

Page 132.

5. Original inc. [18 juillet 1891]
Quatrain sollicité par Geneviève, alors chez les Ponsot, pour la sainte Marguerite (20 juillet).

6. Original : coll. A. Rodocanachi [19 juillet 1892]
Ce quatrain, daté « 1892 », fut envoyé pour sa fête à Mme Ponsot, par l'intermédiaire de Geneviève alors à Honfleur. Les fillettes sont Geneviève et Éva Ponsot.

7. Original : coll. A. Rodocanachi
Avec une assiette ancienne (*VC*).

8. Original : coll. A. Rodocanachi (19 juillet 1894)
Ms coll. Bonniot (*PBM*), ms Doucet MNR Ms 1212
V. 3 : riant ou l'embrassant ms Bonniot, ms Doucet
« Honfleur, 19 Juillet 1894 » ms O, ms Bonniot

9. Original : coll. A. Rodocanachi (1895)
Ce quatrain a dû être envoyé pour le 20 juillet 1895. A cette date, Mme Ponsot était en effet seule à Honfleur.

Page 133.

10. Original : coll. A. Rodocanachi (20 juillet 1896)
Autre état :
Tout comme notre sentiment
La même fleur jamais fanée
Madame Ponsot, gentiment
Renaît pour vous avec l'année copies G, *VC*

11. Original : Doucet MNR Ms 1220 [13 août 1898]
Bien que *VC* le dédie à Mme Mallarmé, ce quatrain est plus vraisemblablement destiné à Mme Ponsot, mère de Willy.
L'original porte simplement le millésime « 1898 ».

12. Original : BN, Nafr. 24277, f° 156 (15 août 1891)
A Mme Nadar (ex Marie Degrandi). L'original est daté « 15 Août 1891 ».

13. Original : BN, Nafr. 24277, f° 159 (15 août 1892)
A Mme Nadar et à Mme Ponsot. Le quatrain envoyé à Mme Nadar est daté « 15 Août 1892 ». D'après une carte de P. Margueritte (*Corr.* V, p. 116), il semble que Mallarmé, alors à Honfleur, fit envoyer ce quatrain, en le faisant poster à Samois par P. Margueritte, à Mme Ponsot, comme s'il émanait de Marie Nadar, et qu'il envoya d'Honfleur le même quatrain à Mme Nadar, comme s'il émanait de Mme Ponsot.

14. Original inc.
Probablement destiné à Méry.

Page 134.

15. Original inc. [1er avril 1887]
Ms AML
Daté « 1er Avril 1887 » dans AML. Le 1er avril est la date « anniversaire » de Méry.

16. Original inc.
Ms AML
« (pour un anniversaire) » (AML).

17. Original inc. [1er avril 1889]
Ms AML
Daté « 1er Avril 1889 » dans AML.

18. Original inc. [1er avril 1891]
Ms AML
« anniversaire de 1891 » (AML).

19. Original inc. (1er avril 1892)
Ms AML
Daté « 1er Avril 1892 » dans AML.

Page 135.

20. Original : FS ex-coll. Bonniot
Autre état incomplet :

Quand Avril ouvre les Talus
La bise elle-même n'empêche
De fleurir la pomme et la pêche copie G

Ce quatrain est peut-être du 1er avril 1895, date à laquelle le temps fut à la grêle.

21. Original inc.
Ms AML, ms Doucet n° 135
V. 3 : une embaumante rose ms Doucet

22. Original : coll. A. Rodocanachi (1er Janvier 1892)
Ms Doucet n° 135
Daté « Minuit / 1er Janvier 1892 » sur l'original, ce quatrain est peut-être à reclasser dans « Autres dons de Nouvel an ».

23. Original : FS in *Les Lettres,* 1948
Classé par *VC* dans « Dédicaces, autographes, envois divers », ce quatrain est daté « 15 Août 1896 ». Cf. dans « Dédicaces, autographes, envois divers » le quatrain 135 qui en est peut-être un premier état.

24. Original inc. (15 août 1898)
Première version (d'après H. Mondor, *VM*) :

Moins heureux à tire-d'aile
Que lui de prendre le train
Mon pauvre baiser fidèle
Jalouse vers toi ce quatrain.

PBM fait par erreur de Mme Mallarmé la destinataire de cet ultime quatrain pour Méry.

Page 136.

25. Original inc.
Destinataire et date inconnus.

26. Original inc.
Pour Élisa Sosset.

27. Original inc.
Distique sans doute écrit sur une carte de visite.
La destinataire est peut-être Pauline Pubelier, voisine de Mallarmé à Valvins.

28. Original inc.
Destinataire et date inconnus.

29. Original : Doucet (non coté) [3 octobre 1892]
Inédit.
Ce distique figure dans une lettre à Méry du 3 octobre, précédé de cette mention : « A une condition, c'est que tu dises les avoir faits, tu le peux sans te flatter — ». Méry avait dû lui demander des vers pour la fête de François Coppée (4 octobre).

Page 137.

ALBUMS

Tous les vers figurant sur l'Album de Méry Laurent auraient pu figurer ici. Mais du fait de l'impossibilité de savoir avec certitude si ces vers sont des originaux ou de simples copies, nous les avons laissés à leur place traditionnelle.

1. Original inc.
Étoile est le prénom d'une amie danoise de Geneviève. Ce quatrain aurait été inscrit sur son album.

2. Original inc.
Inscrit sur l'album d'Helga, non identifiée. Peut-être Helga Obstfelder, la future femme du peintre Armand Point (1861-1932) ?

3. Original inc.
Ms AML

> Que la Dame soit en joie !
> Sous cette pierre elle a mis
> Le vœu que sa maison voie
> Venir les mêmes amis ms AML

Signé « Stéphane Mallarmé / Secrétaire du [dessin de paon] » ms AML
Pose d'une première pierre (*VC*). Sans doute la première pierre de la maison des Talus, reconstruite après sa démolition en novembre 1890.

4. Original (?) : coll. A. Rodocanachi ([9] novembre 1890)
Le ms est daté « Novembre 1890 ». *DFTF* donne cette dédicace : « "A Chéry [= Méry]. (Après la démolition de la Maison des Talus)". 9 novembre 1890. »

Page 138.

5. Original : coll. A. Rodocanachi (15 août 1891)
Ms AML
V. 3 : Plonge ms O
V. 4 : la jeune source ms O
Le quatrain, qui porte la mention « Évian / 15 Août 1891 », évoque plaisamment le séjour de Méry à Évian, où elle prenait les eaux.

6. Original inc.
Mme Degrandi, femme de Paul Nadar.

7. Original inc.
Ms coll. part.
Le cat. Coulet & Faure, nov. 1968, reproduit un quatrain voisin :

Ami de la cousine, on est
Le vôtre et j'ose vous l'écrire :
Mon esprit de loin vous connaît
Au travers de son clair sourire.

D'après *PBM*, la destinataire serait Mlle Marguerite Lefèbre (?). Notre Amie est sans doute Méry Laurent.

8. Original inc.
V. 2 : Prenne ici-bas la copie G
V. 3 : Pour vers vous danser copie G
Le destinataire est Léon Deschamps, directeur de *La Plume.*

9. Original inc.
Destinataire non identifiée. Peut-être Céline Roujon, fille d'Henry Roujon.

Page 139.

10. Original inc.
A son coiffeur (*VC*).

11. Original : Album de Jeanne Dauphin (*DSM* IV)
Ms coll. part.
V. 1 : *Faiblement quand* le > Tranquille si le (= mon) ms coll. part.
Tranquille si le ms O
V. 4 : qui se sourit, ms O, ms coll. part.
L'original, sur l'Album de Jane Dauphin, porte la mention « Valvins 1891 ».

12. Original inc.
Destinataire non identifiée.

13. Original inc.
Ms Doucet MVL 1895
V. 2 : Jette sa *neuve* > Jette sa folle ms Doucet
Au dos de la carte où est inscrit ce quatrain, Mallarmé écrivait à Geneviève : « J'ai envoyé le quatrain ci-contre, Chaton, en remplacement d'une signature qu'on me suppliait de venir mettre sur l'album de la loge, aux *Variétés*; dis, quel galantin, ton papa; c'est ma dernière parisiennerie [...]. »

14. Original : coll. part. (*DSM* IV) [fin juillet 1898]
V. 2 : Son Shako contre votre ms O
V. 4 : souvenir ravi ms O
VC annote ainsi le v. 2 : *Voisin, dormant, en chemin de fer.* Sur le ms de *VC*, *en chemin de fer* corrige *dans le tramway campagnard.*
A Paule Gobillard.

Page 141. DÉDICACES, AUTOGRAPHES, ENVOIS DIVERS

1. Original inc.
Ms Doucet MNR Ms 1223 (brouillon)
V. 2 : touche = vise
V. 3 : Par ce = Et d'un ms Doucet
Sur le ms Doucet, le quatrain est précédé de ces lignes : « Quatrain / (écrit pour un ami* qui voulut mettre deux ou quatre vers au-dessous d'un polichinelle peint par lui.) », et suivi de la date : « 1873 ». L'astérisque au mot *ami* renvoie à cette précision au crayon : « Édouard Manet ».

Le *Polichinelle* est une aquarelle dont Manet devait tirer une lithographie en couleurs, pour laquelle le peintre avait lancé auprès de ses amis (Banville, Cros, Mallarmé...) un concours d'épigraphes. C'est le distique de Banville (« Féroce et rose, avec du feu dans la prunelle, / Effronté, saoul, divin, c'est lui, Polichinelle ») qui fut retenu (Tabarant, *Manet et ses œuvres*, Gallimard, 1947).

2. Original : FS in *The Raven / Le Corbeau* [repr. de l'éd. de 1875], New York, Walker and Company-Harvard College Library, 1968
Mallarmé offrit à Francis Poictevin (qui avait demandé deux mois plus tôt la main de Geneviève) cet exemplaire dédicacé du *Corbeau* en décembre 1884. Poictevin l'en remercia dans une lettre du 19 décembre.

3. Original inc.

4. Original inc.
Après la publication, dans une revue, des vers de l'Auteur (*VC*). Note de

Darzens dans le carnet C : « Soit à l'époque de *la Jeune France* dont j'étais secrétaire de la rédaction soit à celle, plutôt, de la *Revue d'Aujourd'hui* que j'ai dirigée et où j'ai toujours payé tous les rédacteurs fussent-ils poëtes ». Le clin d'œil académique aux Quarante pourrait faire penser qu'il s'agit de la dédicace des *Poésies* de 1887, tirées à 40 exemplaires.

Page 142.

5. Original : FS in cat. HD, 14 mai 1926
Mallarmé a écrit cette dédicace sur la copie faite par Pierre Louÿs de l'édition des *Poésies* de 1887.

6. Original : FS in cat. HD, 20-21 avril 1889
Dédicace à Pierre Louÿs des *Poèmes d'Edgar Poe.*

7. Original inc.
Dédicace probable de *Pages.*

8. Original : coll. Rouart (*PBM*)
Dédicace à Eugène Manet et Berthe Morisot de la *Conférence sur Villiers de l'Isle-Adam* (ex. n° 8). C'est dans l'appartement de Berthe Morisot que Mallarmé en refit la lecture devant un auditoire choisi, le 27 février 1890.

9. Original inc.
Dédicace de la *Conférence sur Villiers* à Degas qui, lors de la lecture faite chez Berthe Morisot, avait quitté la salle en grognant : « Je n'y comprends rien, rien ! »

Page 143.

10. Original : Doucet MNR Ms 1180
Dédicace à Edmond Picard, l'un des hôtes de Mallarmé à Bruxelles, de la *Conférence sur Villiers* (ex. n° 6).

11. Original inc.
Ms AML
V. 3 : Je parlai, je rêvai, *je lus* (> je bus) ms AML
V. 4 : Avant de catéchiser ms AML
A des amis de Liège, à la suite d'une Conférence (*VC*). Il s'agit évidemment de la Conférence sur Villiers prononcée à Liège le 14 février 1890 (après Bruxelles le 11, Anvers le 12, Gand le 13, et avant Bruxelles encore le 15, et Bruges le 17) au Cercle L'Émulation.

12. Original inc.
Dédicace à Renoir de *Pages* (1891), dont il fit le frontispice.

13. Original : Univ. de Glasgow
Dédicace à Whistler de *Vers et Prose* (1893), dont il fit le frontispice (ex. n° 1).

14. Original : coll. part. (*Corr.* VI) [début janvier 1893]
Quatrain envoyé à Mauclair avec le mot suivant : « La confiserie ci-contre me venait à l'esprit, un de ces jours derniers, pour que vous la joigniez au petit bouquin [*Vers et Prose*] — ».

Page 144.

15. Original inc.
Peut-être une dédicace de *La Musique et les Lettres* (1895).

16. Original inc.

17. Original inc.
Brouillon coll. part.
V. 3 : *mon ami* > le très cher ms coll. part.

18. Original inc.
Sur un livre présenté pour recevoir une dédicace (*VC*).

19. Original inc.
V. 2 : Comme *L'Écho de Paris*
V. 3 : Qu'aucun *L'Écho de Paris*
Pour l'« Ouvreuse du Cirque d'Été » (*VC*). Le destinataire de ce quatrain n'est pas Willy Ponsot (*PBM*), mais un autre Willy, Henry Gauthier-Villars, qui a signé « L'Ouvreuse du Cirque d'Été » de très nombreuses chroniques musicales. Il a cité lui-même le quatrain dans *L'Écho de Paris* du 29 octobre 1900.

Page 145.

20. Original (?) : Doucet MNR Ms 1221 [1892]

21. Original inc.

22. Original inc. (*CMR*)

23. Original (?) : coll. part. (18 juillet 1893)
Le distique est écrit au dos d'une enveloppe. Mallarmé, qui avait envoyé à Geneviève, alors à Honfleur, un exemplaire de la réédition de *Vathek*, venait de recevoir d'elle une quinzaine de crabes.

24. Original inc. [entre le 6 et le 11 novembre 1887]
Dans le carnet C, le quatrain est précédé de la mention « Autographe » de la main de Mallarmé.
Dédicace à Jean Ajalbert de l'édition photolithographiée des *Poésies*, d'où l'allusion à la « vraie écriture ».

25. Original inc.

Dédicace à Jules Bonnier, ami d'Henry Roujon, des *Poésies* de 1887. Le verbe du premier vers de cette dédicace se lit « dure » sur le catalogue de vente (9-11 mars 1938) où J.-P. Goujon a exhumé ce distique inédit. Comme L. J. Austin (*FS*, avril 1990), nous supposons qu'il s'agit d'une erreur de copie pour « dore ».

Page 146.

26. Original : inc.
L'indication donnée par *VC, Sur des poésies de l'Auteur recopiées par M. Metman,* vaut en fait pour le quatrain suivant.

27. Original : coll. L. Clayeux
Dédicace apposée par Mallarmé sur la copie calligraphiée faite par Louis Metman des *Poésies* de 1887.

28. Original inc.

29. Original inc. (cat. HD, 16 mai 1984)
Inédit.
Dédicace sur un exemplaire relié des *Poésies* de 1887. D'après le catalogue, la dédicace serait au plus tôt de 1893.

30. Original inc.
Ms AML, ms Doucet n° 135
Sur des livres de prières (*VC*). Destinataire inconnu. Peut-être Méry qui, d'après son testament, tint « à mourir chrétienne ».

Page 147.

31. Original inc.
Destinataire inconnue.

32. Original inc.
Destinataire inconnue.

33. Original inc.
Destinataire inconnue.

34. Original : coll. part. (*PBM*) [23 juin 1898]
Vers destinés à légender le portrait à l'eau-forte de Delzant par Bracquemond.

35. Original : FS in *VC* [2 avril 1894]
V. 1-2 : Ci gît ployée en mille livres
La cendre du vieux vol humain copie G
Vers inscrits sur une bibliothèque (*VC*). Il s'agit de la bibliothèque d'Alidor Delzant. Le quatrain est daté du 2 avril 1894 sur une copie H. Mondor.

Page 148.

36. Original : FS in cat. HD, 20-21 avril 1989
V. 4 : du chêne ms O
Ces vers, envoyés dans une lettre du 15 avril 1892, furent gravés sur la cheminée d'Alidor Delzant à Paraÿs.

37. Original : FS in cat. HD, 20-21 avril 1989 (13 octobre 1890)
Remerciement adressé à Alidor Delzant pour un envoi de pruneaux.

38. Original : FS in cat. HD, 18-19 février 1992 (CP : 4 JUIL 93)
Classé dans « Les Loisirs de la Poste » par *VC, OC* et *PBM,* ce quatrain n'est pas un quatrain-adresse : il figure sur un carton envoyé dans une enveloppe normale à l'adresse des Delzant en remerciement d'un envoi d'abricots.

39. Original : coll. part., FS
A Alidor Delzant.

40. Original inc.
Quatrain sans doute antérieur à 1889 (mort de Villiers).
Cocodès : mot apparu dans les années 1860 pour désigner les jeunes beaux affectant une mine et des manières excentriques.

Page 149.

41. Original : Doucet MNR Ms 1227
A Mme Cladel. Daté par L. J. Austin du début janvier 1885, mais la date est conjecturale.

42. Original inc.
A Térèse Boissière. Celle-ci, fille de Joseph Roumanille, avait épousé Jules Boissière, Vice-résident de France au Tonkin, en 1891. Le couple y vécut de 1892 à la mort de Jules, en 1897.

43. Original inc. (cat. Coulet & Faure 118, oct. 1970)
A Mme Gravollet. Édouard est évidemment Édouard Gravollet, son mari. Classé par *VC* dans « Dons de fruits glacés au Nouvel an », ce quatrain accompagne en fait une lettre à Édouard Gravollet du 27 septembre 1896, pour remercier de l'envoi d'un panier de poires.

44. Original : FS in cat. *Les Argonautes* (s.d.)
A Mme Roujon. Daté de 1898 par la destinataire.

45. Original inc.

Page 150.

46. Original inc.

47. Original inc.
Étienne Grosclaude, bien que né à Paris, signa une lettre à Mallarmé du 31 mars 1891 « Ét. Grosclaude / *de l'Aude* ».

48. Original : coll. Y. Kashiwakura

49. Original inc.
Improvisé en écoutant la musique de Léopold Dauphin (*VC*). Celui-ci, dans *Regards en arrière,* évoque ainsi la circonstance : « ... je venais d'écrire un morceau de piano (une mazurka triste). Je la lui fis entendre et, sur sa prière aimable, réentendre. Quand j'eus fini, comme il demeurait, derrière moi, silencieux, je me retournai et le vis pensif; je me figurais que le sens de ma musique lui échappant, embarrassé, il ne savait que m'en dire; mais je me trompais. / Il me fait signe d'attendre, s'assied à ma table de travail, écrit et me tend un feuillet où je lis ces vers épigraphiques qu'il venait d'improviser ».

50. Original : Doucet 7248-56

Page 151.

51. Original : Doucet 7248-57
Ms AML
Les deux bonnes gens de Poissy sont Octave Mirbeau et Madame.

52. Original : Univ. de Glasgow
A Whistler. Le quatrain est daté « Paris 1er Mai 1889 ».

53. Original inc.
A Madame Whistler (*VC*).

54. Original inc.
A Mme Whistler.

55. Original inc. [28 janvier 1888]
Michel Baronet avait envoyé d'Afrique du Nord des dattes à Mallarmé.

Page 152.

56. Original : BN, Nafr. 11908 (2 janvier 1889)
L'original de ce distique télégraphique n'est pas de la main de Mallarmé, mais sans doute d'un employé des postes. Le destinataire est Michel Baronet.

57. Original inc.

58. Original inc.

59. Original inc. [janvier 1895]
Pierre Normant naviguait alors sur son yacht.

60. Original : coll. part. [1er janvier 1895]

61. Original inc.
Ms AML
Distique suivi dans AML de la précision : « (il s'agit du point d'exclamation) ».

Page 153.

62. Original : coll. part.
Vers accompagnant un envoi de vin (peut-être au nouvel an 1890).

63. Original : coll. part. (CP : 5 FÉVR 90)
Ce distique fut envoyé à Mme Redon par Mallarmé qui préparait avec Redon leur départ pour la Belgique, l'un devant y faire sa conférence sur Villiers, l'autre participant à l'Exposition des XX. En fait, Mallarmé partit le 10, tandis que Redon ne partit que le 16.

64. Original inc.
A Élémir Bourges.

65. Original inc.
C'est par ce distique, selon Guillot de Saix (*Les Nouvelles littéraires,* 18 septembre 1952), que Mallarmé aurait invité Marguerite Moreno à Valvins, en 1897 ou 1898.

66. Original inc.
Distique peut-être envoyé en même temps que le précédent.

67. Original : coll. L. J. Rosenwald (CP : 19 JUIL 88)
Ce distique, autour duquel Mallarmé a dessiné une banderole, figure en tête d'une lettre à Deman du 19 juillet 1888, demandant les exemplaires de presse des *Poèmes d'Edgar Poe* et les épreuves du *Tiroir de laque* (qui paraîtra sous le titre de *Pages* en 1891).

68. Original inc.
Envoi (daté de 1896 dans *VC*) à Cipa Godebski.

Page 154.

69. Original inc.

En juillet 1888, Louis Antheaume avait envoyé à Mallarmé des roses de Provins avec une plaquette de vers.

70. Original inc.
Ms coll. part., ms AML
Destinataire et circonstance inconnus.

71. Original (?) : FS in *MDI.*
Destinataires et circonstance inconnus.

72. Original inc.
Destinataires et circonstance inconnus.

73. Original (?) : FS in *Le Point*, fév.-avril 1944 [octobre 1895]
Pour être mis en musique par Gabriel Fabre (*VC*). Ce quatrain écrit à la demande de Gabriel Fabre et d'Auguste Lepère devait être mis en musique par le premier et accompagner un bois gravé, intitulé *L'Été*, du second (voir *La Couronne de lierre*, 1902).

Page 155.

74. Original inc.
M. de Jouy était l'oncle et le parrain de Julie Manet. Il mourut en mars 1894.

75. Original : coll. A. Rodocanachi [1888]
Quatrain (suivi de la mention « Dimanche (avant la lettre) ») accompagnant un envoi de camélias enveloppés dans du coton (d'où l'image de la perruque) à Eugène Manet et Berthe Morisot à Nice.

76. Original inc.
Ms Doucet n° 134
Frac (*VC*). Frac était le nom du chat.

77. Original inc.
Princess, petite chienne japonaise de Méry Laurent.

78. Original inc.
A un lévrier kirghiz (*VC*). Lévrier des Mallarmé au début des années quatre-vingt.

Page 156.

79. Original : ex-coll. D. Rouart
Post-scriptum d'une lettre à Berthe Morisot et Julie Manet du 1er mai 1892. Laertes est le chien des Manet, ainsi baptisé par Mallarmé lui-même.

80. Original inc.
A une petite chienne (*VC*).

81. Original : Musée Mallarmé
Ms coll. Mme Dujardin (*PBM*)
Gravé sur le mur de W.-C. communs, à la campagne (*VC*).
Ce quatrain, toujours visible à Valvins (même si l'original a été remplacé par un moulage), figure dans une lettre à Dujardin du 29 septembre 1888 : « ... je ne vous offre pas l'inscription suivant[e] que j'ai été obligé de graver moi-même ce matin quelque part, pour stupéfier les fermiers / [texte du quatrain] / ce qu'ils faisaient fréquemment. »

82. Original inc. [24 juillet 1891]
A Geneviève Mallarmé et Éva Ponsot.
Mme Ponsot, chez qui Geneviève séjournait à Honfleur, avait plaisanté dans une lettre du 22 juillet 1891 sur la cour faite par « un jeune Norvégien, amoureux fou de Vève, qui lui déclare sa flamme si discrètement et avec des tournures de phrases comme un étranger sait en dire, que ces demoiselles pouffent de rire ». Le 24, Mallarmé écrivit à sa fille : « Ah ! tu flirtes ! Lis le quatrain ci-contre. »

83. Original : coll. part.
Inédit.
Circonstance inconnue. Chaton est le surnom donné par Mallarmé à Geneviève. Celle-ci avait dû offrir une plume à son père qui l'en remercia par ce distique.

84. Original : Doucet, MVL 1776
Ce distique figure dans une lettre à Geneviève, alors en vacances à Honfleur, du 22 juillet 1891. Geneviève ayant déploré dans sa lettre l'absence de militaires à Honfleur, Mallarmé répondit en évoquant ainsi les grandes manœuvres près de Valvins : « Ne sois pas inconsolable, la grande manœuvre des pantomimes se fera samedi, à l'aube, entre Fontaine-le-Port et Chartrettes et, avec la petite voiture, à cette heure, / Tu n'irais même pas jusqu'à / Samois qu'habite la Caca. / (Je crois que, les troupes occupant au loin les deux berges, ce serait, du reste, très-difficile à voir.) »

Page 157.

85. Original : Doucet, MVL 1783
Ce distique figure en tête d'une lettre à Geneviève, alors en vacances à Honfleur, du 3 août 1891. Mallarmé y évoquait la mauvaise humeur de Marie, à la suite d'un saut qu'il venait de faire à Paris afin d'acheter des tapis pour les Talus, et « l'insupportabilité » d'Étoile, amie danoise de Geneviève.

86. Original inc.
Ms coll. part.
Victor Margueritte avait devancé l'appel et s'était engagé à vingt ans en septembre 1886. Il ne devait quitter l'armée qu'en 1896.

87. Original inc.
Reçu à l'école de Saumur en septembre 1891, Victor Margueritte en sortit officier de cavalerie à Fontainebleau.

88. Original inc.
Pour Victor qui disait qu'il n'existait pas de rimes en « or » (*VC*) avec cette précision : *Indication de l'Auteur.*

89. Original inc.
Ms Doucet MNR Ms 1212
Vévette et Titi : Ève et Lucie Margueritte, filles de Paul. L'oncle est évidemment Mallarmé lui-même.

90. Original : Doucet (1er octobre 1896)
Distique figurant dans une lettre à Geneviève, précédé de ces lignes : « Pari que vous avez été au Havre hier, quatre demoiselles et le caporal Willy : Madame Normant craignant la mer et visitant le port, les églises et la lieutenance. »

Page 158.

91. Original : Doucet (1er octobre 1896)
Distique figurant dans la même lettre que le précédent. Mallarmé fait suivre les deux distiques de ce commentaire : « ce sont mes galets lointains ». Ces deux distiques sont donc des galets de papier.

92. Original : coll. Rouart (*PBM*) [janvier 1895]
A Berthe Morisot et sa fille Julie Manet.
Mallarmé a ajouté cette note au mot « Gainsborough » : « pour me cacher, parce que vous serez en notre loge, s'il vous agrée, Mesdames. » Les jeux oraux sont la soirée au Théâtre d'Application du 10 janvier 1895 où Jean de Mitty fit une conférence sur Mallarmé illustrée de poèmes déclamés par Allys Arsel.

93. Original : coll. A. Rodocanachi
A Mme Ponsot.

94. Original : FS in cat. HD, 1er sept. 1986
A Mme Ponsot.

95. Original inc.
En tête du carnet d'adresses de M. W[illy] P[onsot] (*VC*), avec la date : 1896.

96. Original : coll. part.
Distique encadré d'un rectangle en tête d'une lettre à Geneviève du 20 juillet 1893. Geneviève venait d'écrire d'Honfleur : « Le cher Willy, qui est parfait, dit Éva, a inventé quelque chose de nouveau. Il ne boit plus, ne fume plus mais il… il chique ! » (*Corr.* VI, pp. 127-128).

97. Original : coll. A. Rodocanachi (CP : 30 JUIN 94)

Ce distique, autour duquel Mallarmé a dessiné la forme d'un galet, figure en tête d'une lettre du 30 juin 1894 envoyée d'Honfleur à Willy Ponsot, qui faisait son service militaire à Beauvais. La lettre commence par ces mots : «Je vous envoie ce galet, mon cher Willy... ». Il s'agit encore d'un galet de papier.

Page 159.

98. Original inc.

Le deuxième vers de ce quatrain, qui n'est connu que par des copies, est faux, si bien que sur le manuscrit de *VC*, le Dr Bonniot avait ajouté en marge « la » devant « rose ». Mais cette correction n'a pas été adoptée dans *VC*.

Éva est sans doute Éva Ponsot.

99. Original inc.

Destinataire inconnu. Peut-être Geneviève, ou Willy, frère d'Éva.

100. Original (?) : coll. part.

A Éva Ponsot. L'abat-jour en question est sans doute une visière (voir la lettre de Geneviève du 23 juillet 1893 : « ... nous avons tous pris notre bain et sommes après allés en chœur à la ville avec nos belles robes ; là nous avons fait sensation, surtout l'abat-jour d'Éva »).

101. Original inc.

Pour Mlle Labonté à Nancy (*VC*).

102. Original inc.

Ms AML

Ce quatrain doit dater de 1893, année où fut célébré le centenaire de Casimir Delavigne.

103. Original inc.

Ms AML

Magali et Edmée Cazalis, filles d'Henri.

104. Original inc.

Circonstance inconnue.

Page 160.

105. Original inc.

La destinataire est sans doute Claire Nadar.

106. Original inc.

En renvoyant un filet à poisson (*VC*). Même destinataire, probablement, que le distique précédent.

107. Original inc.
Destinataire et circonstance inconnus.

108. Original inc.
Destinataire et circonstance inconnus.

109. Original inc.
Destinataire et circonstance inconnus.

110. Original inc.
Destinataire et circonstance inconnus.

111. Original inc.
Destinataire et circonstance inconnus.

Page 161.

112. Original inc.
A une jeune dessinatrice (*VC*). Sans doute Madeleine Dauphin, surnommée Manitou par ses parents, mais Madelon par Geneviève, et qui s'adonna tôt au dessin et à la peinture.

113. Original inc.
D'après Géo Charles (*Gavroche*, 11 septembre 1947), il s'agirait de la dédicace à Mme Gravollet, qui possédait une belle voix, de l'adaptation par Bailly d'« Apparition ». Quant aux « vers d'un petit rentier », ils feraient allusion au fait que Mallarmé avait de petites rentes que Gravollet touchait pour lui, par procuration, à Paris, pendant ses séjours à Valvins. Les rentes en question sont vraisemblablement la retraite de Mallarmé.

114. Original inc.
Destinataire inconnu.

115. Original inc.
Sur un panneau communal désaffecté, à la campagne (*VC*).

116. Original inc.
Destinataire inconnue. Peut-être Misia Godebska (ou Gabrielle Wrotnowska).

117. Original (?) : coll. part.
Destinataire inconnu. Peut-être Misia, ou Thadée Natanson. Voir la lettre du 20 octobre 1897 à Ch. Morice : « … je voudrais le dire à Thadée Natanson, mais où est-il ? Je le croyais dans l'Yonne et le suppose somme toute, aux Monts Carpathes… »

118. Original inc.
Ms coll. Bonniot (*PBM*)

Page 162.

119. Original inc.
Destinataire et circonstance inconnus.

120. Original inc.
Circonstance inconnue.

121. Original inc.
Sur une carte postale (*VC*). Destinataire inconnu.

122. Original : Princeton Univ. Library
Dédicace à Méry de *Vers et Prose*, daté de 1893 mais paru le 15 novembre 1892.

123. Original : coll. A. Rodocanachi
A Méry. Ce quatrain semble avoir accompagné une lettre à Méry qu'on peut dater (conjecturalement) du 4 avril 1885 (*LML*) : « ... voici, puisque tu le redemandes, le quatrain du bouquet qui aurait dû t'attendre la veille. » Ce serait donc le premier des quatrains anniversaires datés du 1er avril, jour de l'installation rituelle de Méry aux Talus.

124. Original inc.
Publié en édition de luxe (tirage limité à 16 ex.) pour M. G. A. Dassonville, bibliophile, s.d.
Ce quatrain, précédé de la dédicace « A ma chère Méry », a été inscrit sur l'exemplaire des *Poètes maudits* offert à Méry, ce qui le date probablement d'avril 1884.

Page 163.

125. Original : FS in cat. HD, 16 décembre 1981 [15 août 1888]
Invité par Méry à Royat, où elle prenait les eaux, Mallarmé lui apporta un exemplaire des *Poèmes d'Edgar Poe* avec cette dédicace. A la mention imprimée « Exemplaire nº 836 / tiré pour M. S. Mallarmé » le poète a ajouté de sa main « et le [dessin de paon] ».
V. 3-4 : mieux que la gloire / De porter copie G

126. Original : AML
Ms Doucet, nº 135
Ce quatrain, d'après l'écriture, paraît être de l'automne 1891.

127. Original : Doucet (CP : 12 AVRIL 95)
V. 4 : Je adresse aux Talus [*sic*] ms Doucet

128. Original inc.
Quatrain sans doute envoyé à Méry en partance pour les eaux. Sous le titre *Dépêches* (de la main de Mallarmé) dans le carnet C.

129. Original : Doucet MNR Ms 1222
Le quatrain est surmonté d'un dessin de paon et suivi de la signature « Ton / Stéphane M. ».

Page 164.

130. Original : coll. A. Rodocanachi
Sur une carte de visite portant l'adresse 87 rue de Rome, donc antérieure à janvier 1884 (date où l'immeuble a été renuméroté 89). La personne est évidemment Méry.

131. Original : Doucet n° 136 [26 juillet 1892]
L'original est écrit, à la suite d'une lettre à Méry, sur un papier japonais orné d'un dessin de trois dames dans un paysage.

132. Original : coll. L. Clayeux

133. Original : coll. Y. Kashiwakura
Ce quatrain, écrit en capitales sur un carton à musique, est précédé de la dédicace « A Méry / SM » et suivi de la date « 1897 ».

134. Original inc.
Quatrain publié par R. de Montesquiou dans *DFTF*, avec la transformation habituelle de Méry en Chéry.

Page 165.

135. Original inc.
Révélé par Guillot de Saix, *Les Nouvelles Littéraires*, 18 sept. 1952. Cf. le quatrain 23 dans « Fêtes et anniversaires ».

136. Original inc.
Quatrain publié par R. de Montesquiou dans *DFTF*.
A Méry.

137. Original : Doucet (non coté) [2 septembre 1894]
Inédit.
Ce distique figure en tête d'une lettre à Méry du 2 septembre 1894, jour de son retour aux Talus après son séjour estival à Royat.

138. Original inc.
Ms AML
Le distique, signé, est précédé de cette dédicace dans AML : « A Madame Méry Laurent / qui m'avait gracieusement prêté l'un / de ses mouchoirs quand je manquais du mien / en le lui rendant blanchi ».

139. Original inc.
Ms AML
A Méry. Le distique est intitulé « Bouquet » dans AML.

140. Original inc.
Ms AML
Sur un album (*VC*). A Méry.

141. Original inc.
Ms AML, ms Doucet n° 134, ms Doucet ING Sup. 26

Page 166.

142. Original inc.
Ms AML, ms Doucet n° 134
V. 1 : Bergère, où, sur quels pipeaux, ms Doucet

143. Original inc.
Ms AML, ms Doucet n° 134

144. Original inc.
Ms AML, ms Doucet n° 134

145. Original : coll. A. Rodocanachi
Ms AML
V. 1 : Ce très noir ms O
L'original porte la date « 9 Mars 1890 ».

146. Original inc.
Ms AML
Panatone : sans doute s'agit-il d'un panettone, brioche italienne.

147. Original inc.
Ms AML

148. Original inc.
Ms AML

Page 167.

149. Original inc.
Ms AML

150. Original : Doucet, n° 134
Inédit.
Ce distique figure avec 141, 143 et 144 sous le titre : « Ses litanies ». Il s'agit évidemment de Méry.

151. Original : AML
Mallarmé a dessiné la forme d'une banderole autour de ce distique en lettres capitales et ajouté en dessous : « visé, estampillé, et certifié par / Stéphane Mallarmé ».

152. Original : AML
Ce distique légende le dessin d'un flacon portant sur l'étiquette : « PANCRÉATINES / MÉRY-LAURENT ».

153. Original : AML
Distique légendant un dessin de paon.

154. Original : AML
Distique suivi de ce commentaire : « Méry et Gautier ».

155. Original : Doucet, nº 134
Inédit.
Ce distique à Méry date sans doute de février 1890, peu avant le départ de Mallarmé pour la Belgique où il allait prononcer sa conférence sur Villiers (cf. le quatrain 10 de cette série).

Page 168.

156. Original : AML
Lire évidemment Marie Magnier et Méry Laurent.

157. Original (?) : AML

158. Original : coll. A. Rodocanachi.
A Méry.

159. Original : AML
Ce distique légende un dessin d'animaux (probablement dû à Coppée) sur une double page.

160. Original : AML
Ce distique commente une tête de chatte dessinée par Coppée et ainsi légendée : « Mon portrait aux yeux de l'Oiseau / François Coppée ». L'« Oiseau » ou le « Gros Oiseau » était le nom donné à Méry par Coppée qui se désignait lui-même comme la « Vieille Chatte ».

161. Original : AML
Distique commentant la même double page que 159.

162. Original : AML
Ce quatrain légende un dessin de Coppée représentant une grappe de singes pendus à une branche et un perroquet sur son perchoir.

Page 169.

163. Original : AML

164. Original : AML

165. Original : AML
Distique légendant un dessin par Coppée de chat vu de dos (avec la date « 28 nov. 1891 »).

166. Original inc.
Circonstance inconnue. Peut-être s'agit-il d'un quatrain pour Élisa : lorsqu'il revit des Essarts, qu'il avait perdu de vue depuis les années soixante-dix, à Royat en 1888 avec Méry Laurent et Élisa Sosset, Mallarmé écrivit à Geneviève et Marie : « Ton vice-parrain des Essarts a dîné à l'hôtel, invité par moi, et vous devinez les moustaches extasiées du côté de notre très belle hôtesse ; il appelait Élisa "cette jeune personne". » Des Essarts avait publié en 1887 un recueil intitulé *Pallas Athéné.*

167. Original inc.
A Élisa Sosset.

168. Original : Doucet, n° 135
Inédit.

Page 170.

169. Original (?) : AML
Inédit.
V. 2 : *Avecque* > Avec Monsieur AML
Cf. le distique consacré au même dans « Autour d'un mirliton ».

170. Original (?) : AML
Inédit.
Le Docteur Alfred Fournier et son fils Edmond étaient tous deux spécialistes de la syphilis.

171. Original (?) : AML
Inédit.
Ce distique, comme les deux précédents, fait partie dans AML d'une série de distiques évoquant des proches de Méry et qui, sous le titre « La Guirlande à Méry », constitue une variante de « Autour d'un mirliton ». Le Dr Edmond Fournier était grand amateur d'orchidées (cf. le quatrain-adresse VIII, 1).

172. Original inc.
Ms AML

173. Original inc.
Inédit.
Ms (de la main de Méry) Doucet, n° 134

Page 171. AUTOUR D'UN MIRLITON

Original : Doucet, n° 102
Ms AML (7 distiques), Doucet MNR Ms 1009 (1 distique)
Épreuve corrigée, coll. part.
Deuxième épreuve, ex-coll. Delzant (*PBM*)

AML ne comporte, sous le titre « La Guirlande à Méry », que 7 distiques qui figureront sur le mirliton, soit (si l'on numérote de 1 à 22 les distiques de notre texte) les distiques 2, 4, 5, 8, 1, 17, 22. A ces 7 distiques s'en ajoutent 2 autres (sur Fournier père et fils et Eugène Geneste) qu'on peut considérer comme des variantes des distiques du mirliton, ainsi que divers quatrains et distiques évoquant la plupart Méry (voir dans la section « Dédicaces, autographes, envois divers »).

Les vingt-deux distiques ici réunis ont été imprimés sur une grande feuille de papier pour être découpés et collés autour du mirliton. Ce mirliton original ne comporte cependant que 17 distiques, dans l'ordre suivant : 1, 2, 3, 5, 7, 8, 9, 13, 12, 14, 15, 16, 17, 18, 19, 20, 21.

V. 22 : Subjugue aujourd'hui ms AML
V. 28 : *A fait* > Fera Épreuve corr.
V. 36 : *Pour mieux* > Aimant Épreuve corr.
V. 43-44 : Mon cœur s'est *parfois* > Mon cœur en vain s'est
Contre Stéphane Mallarmé ms AML

Le placard de deuxième épreuve porte en haut à gauche cette indication manuscrite : « Placard d'un mirliton / pour / Madame Méry Laurent / par / Stéphane Mallarmé / 1er Janvier 1891 ».

Page 175. SUR DES GALETS D'HONFLEUR

1. Original inc.
Joseph : élève de Mallarmé, qui séjourna à Honfleur avec Geneviève chez les Ponsot en juillet 1893.

2. Original inc.
M. Legrand : commensal des Mallarmé chez les Ponsot en juillet-août 1892. Geneviève avait écrit à son sujet, peu avant la venue de son père : « il est bien tranquille et le meilleur homme du monde. Il s'entend très bien avec Mme Seignobos car il a beaucoup connu son mari. »

3. Original inc.
Sans doute la même destinataire que pour « Albums » 2.

4. Original inc.
A Mlle M[arie] S[eignobos] (*VC*).

5. Original inc.
Pierre, fils de Mme (Dinah) Seignobos.

Page 176.

6. Original inc.
Ernest Dubois, prétendant (et futur mari) d'Éva Ponsot.

7. Original inc.

8. Original inc.

9. Original inc.

10. Original inc.

11. Original inc.

12. Original inc.
M. Fraisse, ami de Geneviève, Éva et Willy Ponsot à Honfleur. Geneviève avait écrit à son sujet le 19 juillet 1893 : « M. Fraisse est arrivé hier pour une huitaine et on veut lui montrer le Hâvre : nous y allons donc tous les quatre. On se tord parce qu'il a une peur bleue du bateau. »

Page 177.

13. Original inc.
Peut-être Titi, le chien de Mme Seignobos.

14. Original inc.
Françoise : sans doute la bonne des Ponsot.

15. Original inc.
« Pauvre petit chien » : Titi (voir 13) avait été éborgné par un chat à Honfleur fin juillet 1892.

16. Original : coll. part.
Pour Mesdames Mallarmé (*VC*). La rue de Rome est dans le quartier des Batignolles.

17. Original : FS in *Le Point*, fév.-avril 1944

18. Original : coll. part.
Petite mère : nom donné à Marie par Mallarmé.

19. Original : coll. part.
Le 18 juillet 1893, Geneviève avait écrit : « Les deux yeux de diamant de la Hève ont disparu, père, et je crois vous avoir conté le nouveau phare, le plus puissant du monde. »

Page 178.

20. Original : coll. Bonniot (*PBM*)
Catala : maître nageur d'Honfleur.

21. Original : coll. part.

Page 179. SUR DES CRUCHES DE CALVADOS

1. Original : coll. part.

2. Original inc.
C'est la cruche qui parle.

3. Original inc.
C'est la cruche qui parle.

4. Original inc.
Voir « Galets » 6.

Page 181. RONDELS

1. Original inc.
« Nouvel an / Madame Madier » (copie G). *VC* ajoute cette note au mot « témoin » (v. 4) : « Témoin au mariage de l'auteur ». Ce rondel semble avoir été envoyé pour le Nouvel An 1885 à Mme Madier de Montjau qui, lorsqu'elle s'appelait encore Leonia Wright, avait été témoin au mariage de Mallarmé à Londres en 1863. Après avoir épousé Alfred Madier de Montjau, député de la Drôme, elle était devenue la voisine des Mallarmé rue de Rome.

2. Original inc.
Destinataire et date inconnus.

Page 183. SONNETS

1. Original inc.
Pour un baptême (*VC*).
L'allusion à l'aïeule blonde peut faire penser que Mlle Mirabel est apparentée à Méry.

Page 184.

2. Original : Doucet, MNR Ms 1224
Ms AML
Ce sonnet porte le titre-dédicace « A Méry » dans AML.

3. Original : FS in *La Revue scolaire*, jeudi 7 février 1895

Toast porté par Mallarmé, alors à la retraite depuis un an, à M. Rousselot, Directeur du collège Rollin, à l'occasion du banquet de la Saint-Charlemagne, le 2 février 1895.

Page 185.

4. Original : BN, Nafr. 24277 f° 157

Ms coll. part, ms Doucet MNR Ms 1225

V. 6 : l'aube pâle ms coll. part.

V. 9 : Le brusque ms coll. part.

V. 11 : L'obscure charge

V. 12 : Que *vers la rive* (> près du bord) *ébauche* (> essaie) ms coll. part.

V. 14 : Lançant ms coll. part.

L'original fut envoyé à Paul Nadar, voisin des Mallarmé à Samois, dans une enveloppe portant le CP du 10 AVRIL 92.

Page 186.

5. Original : FS in *Empreintes*, n° 5, 1948

Sonnet-dédicace inscrit le 14 juillet 1890 sur la page de garde d'un volume relié de papier parchemin à la façon d'un missel, où Valère Gille, directeur de *La Jeune Belgique*, avait fait calligraphier et orner les poésies de Mallarmé.

Page 187.

HUITAIN

Original inc.

Autre état (incomplet) dans le carnet B (*PBM*) :

la route morose
Dans le soir où que vous alliez
Voici que j'apporte une rose
Au plus tendre des cavaliers

S'il est vrai que la fleur soit celle
Qui ne fait qu'une avec tes doigts
Vite, mignonne, saute en selle
Pour la Chine ou le Vermandois.

Destinataire inconnue.

Page 189.

INVITATION A LA SOIRÉE D'INAUGURATION DE *LA REVUE INDÉPENDANTE*

1. Ms Doucet MNR Ms 1226 (deux premiers quatrains), ms Bonniot (*PBM*) (deux derniers)

Cette invitation en vers est une commande de Dujardin qui, le 6 novembre 1887, avait écrit à Mallarmé : « ... je projette pendre une crémaillère noble avec les collaborateurs de la Revue, un soir (non dîner, mais des bocks, quelques ailes de poulet et — oh peut-être ! — quelques champagnes) au 11 de la Chaussée d'Antin... Mais je voudrais adresser aux invités une belle invitation (sur un beau papier qu'illustrerait notre Blanche), et en vers ! Avec l'arrière-pensée que tous les journaux reproduiraient le texte de la poétique invite. — Or pardonnez-moi une telle requête, vous seul pourriez achever cette écriture, mon cher Maître. / Quatre ou six vers (davantage serait insérable aux quotidiens), très simples (cela est d'ailleurs indispensable à l'intelligence des invités ; et puis, faut pas que les journaux nous redisent à ce propos décadents !), des choses comme ceci : venir sans cérémonie (sans habit) — dans le texte ou dans un post-scriptum en prose. Et dans le texte, la date de la fête : 26 novembre, samedi, 9 heures du soir, 11, Chaussée d'Antin. » Finalement, la pendaison de crémaillère fut remise au 3 mars 1888. Initialement installée 79 rue Blanche, la revue venait d'emménager au 11 de la Chaussée-d'Antin.

C'est en novembre 1886 qu'était paru le premier numéro de *La Revue indépendante*, (re)créée par Dujardin pour promouvoir « l'Art sous toutes ses formes ». Les collaborateurs s'appelaient Huysmans, Mallarmé, Laforgue, Villiers de l'Isle-Adam, Bourget, Barbey d'Aurevilly, Alexis, France, Wyzewa... Mallarmé y donna de novembre 1886 à juillet 1887 une chronique théâtrale mensuelle (reprise dans *Divagations* sous le titre « Crayonné au théâtre »).

Page 190.

2. Original (imprimé) : FS in *La Revue indépendante*, avril 1888
L'invitation fut imprimée en italiques (avec disposition des quatrains en diagonale) sur une pointe-sèche de Louis Anquetin.

Page 191. THÉATRE DE VALVINS

Le Théâtre de Valvins, qui vécut deux étés (1881 et 1882), fut animé par Paul et Victor Margueritte, le poète Jean-Marie Mestrallet et Geneviève Mallarmé. Il donna aussi bien des farces traditionnelles que des comédies contemporaines (de Banville, Coppée ou Paul Margueritte lui-même), et même *Hernani*. Mallarmé, à la fois metteur en scène et souffleur, écrivit les prologues des diverses représentations.

Page 191. SONNET AU PUBLIC

Ms coll. part.
V. 2 : Ivres de refléter la gloire du tableau,
V. 4 : Apportent un beau rêve au seuil de votre grange.
V. 5 : Aucun logis trop nu
V. 6 : Ils peuvent le changer
V. 7 : Pour peu qu'au vierge pli marqué par le rideau
Corrections de G sur le ms :

V. 2 : Eux-mêmes non moins gais que le riche tableau
V. 3 : gais > beaux
V. 4 : un beau rêve > la folie

Page 192. A UNE REPRÉSENTATION DE *LA FARCE DE MAÎTRE PATHELIN*

Original inc.
Monologue de Pathelin se substituant au Juge en l'absence de l'acteur qui devait jouer le rôle (*VC*).

Page 194. TRIOLETS

Original inc.
Un de ces triolets était dit à chaque représentation au lever du rideau (*VC*).
Dans *VC*, un astérisque au mot « Dimanche » (triolet 3) renvoyait à cette précision : On jouait ce soir-là en semaine, au lieu du Dimanche habituel.
M. Prosper : Prosper Mary, propriétaire des Mallarmé à Valvins.

Page 197. APPENDICES

I

Nous publions ici, dans leur état primitif, des poèmes dédiés à Méry dont la version définitive fut intégrée dans l'édition des *Poésies* de 1913.

Page 199. RONDEL

Original : coll. A. Rodocanachi.
Ms Doucet MNR Ms 1194
L'original comporte la dédicace suivante : « A ma chère Méry / Son ami / Stéphane Mallarmé / 31 Janvier 1885 ».
Voir l'état définitif dans *Poésies*, p. 159 (et notes p. 271).

Page 199. SONNET / pour elle

Original : coll. part.
Voir aussi *Poésies*, pp. 159-160. D'après *PBM*, le sonnet daterait de janvier 1886.

Page 200. « MÉRY / SANS TROP D'AURORE... »

Original : Doucet MNR Ms 1192
Sur l'original, le poème est précédé de ces mots : « Samedi matin 31 Décembre 1887 / Je laisse ces vers en partant, pour qu'ils arrivent demain, à l'heure où je vous aurais embrassée, mon amie, si j'avais été parisien : c'est être un peu près de vous / S.M. » et suivi de la date : « 1er Janvier 1888 ».
Voir l'état définitif dans *Poésies*, p. 160 (et notes p. 272).

Page 200. CHANSON / sur un vers composé par Méry

Original inc. (voir *OC*, pp. 1479-1480)

D'après R. de Montesquiou (*DFTF*), ce rondel fut offert à l'occasion du 1er janvier 1889.

Voir l'état définitif dans *Poésies*, pp. 160-161 (et notes pp. 272-273).

Page 201. « DE FRIGIDES ROSES POUR VIVRE... »

Original inc.

« Écrit à l'encre blanche sur le papier doré d'un éventail fleuri de roses, imprimé, ce sonnet fut remis en 1890 par le poète à Mme Méry Laurent » (*OC*). Il fut publié en 1945 dans *OC* sous le titre « Éventail ».

II

Page 201. « QUE MME MÉRY LAURENT... »

Original inc.

Copie G

Ce quatrain inédit de la main de Geneviève figure sur un bout de papier avec le « Huitain », également de la main de Geneviève, et la dédicace à Frantz Jourdain (« Dédicaces... », 17), de la main de Mallarmé. Constitué d'une subordonnée à laquelle manque la principale, a-t-il été abandonné pour cette raison, ou est-il le début d'un poème plus long ?

III

Page 201. PROSE POUR CAZALIS

Original (?) : BN

Ce pastiche de « Prose pour des Esseintes », qui figure dans *VC* et *OC*, a disparu de *PBM*, comme n'étant pas de Mallarmé. Le seul manuscrit connu du poème n'est en effet pas de la main du poète. Nous le reproduisons à titre de document.

Page 202. « MÉRY, J'AI POUR TON NOUVEAU GÎTE... »

Original : Doucet

Ce quatrain attribué par *PBM* à Mallarmé figure dans une lettre du 14 août [1891] écrite de Pau par Coppée pour la Sainte-Marie et signée « La Vieille [*dessin de tête de chatte*] ».

NOTE SUR MÉRY LAURENT

Anne Rose Suzanne Louviot naquit à Nancy de père inconnu le 29 avril 1849. Son quinzième anniversaire sitôt atteint, elle épousa le 2 mai 1864 un épicier nancéen de vingt-sept ans, Jean-Claude Laurent. Ce mariage précipité visait sans doute à sauver les apparences après une aventure qu'on lui prête avec un autre Nancéen, le maréchal Canrobert, de quarante ans son aîné. Dès la fin de l'année en tout cas, suite à la faillite de son mari, elle obtenait une séparation de biens et, alors qu'elle n'avait pas seize ans, partait vivre seule à Paris. Ainsi commença, dans les dernières années du second Empire et les premières de la IIIe république, la carrière d'une courtisane en herbe qui avait pris le prénom de sa mère et s'appelait dorénavant Marie Laurent. Au début des années soixante-dix, on la vit apparaître sur la scène dans des emplois de figurante ou dans des spectacles qui mettaient moins en valeur ses qualités de comédienne que sa plastique avantageuse, jusqu'au jour où elle devint la protégée d'un richissime Américain de Paris, le Dr Thomas W. Evans, dentiste de Napoléon III et sauveur, au temps de la débâcle, de l'impératrice Eugénie. Il l'installa dans un appartement au 52 rue de Rome — à quelques centaines de mètres de Mallarmé — et lui offrit une maison près du Bois de Boulogne, la maisonnette des Talus, au 9 boulevard Lannes, où elle prenait rituellement, le 1er avril, ses quartiers d'été. Marie devint dès lors (prononciation américaine oblige) Méry Laurent et n'eut plus besoin de monter sur scène pour vivre des rentes que lui assurait le complaisant dentiste. En 1876, à l'occasion d'une exposition des toiles du peintre dans son atelier, elle fit la connaissance de Manet dont elle devint l'un des modèles préférés[1]. C'est à la mort du peintre, en 1883, que s'établit avec Mallarmé une autre relation privilégiée[2], attestée par des billets quasi quotidiens et de très nombreux vers, mais l'amitié généreuse de Méry ne supportait guère l'exclusivité, et la protégée du Dr Evans noua des relations plus ou moins intimes, successives ou simultanées, avec Banville, Coppée surtout (qui l'appelait « Gros Oiseau », lui-même étant la « Vieille Chatte »), Becque, Villiers, Ver-

1. Manet a laissé d'elle plusieurs pastels, et un portrait allégorique intitulé *L'Automne*. Un autre peintre impressionniste, Gervex, fit plus tard un portrait d'elle exposé au Salon de 1892.
2. D'après une confidence faite à Huysmans et notée par celui-ci dans un carnet intime, cette liaison serait restée platonique.

laine, Huysmans, Champsaur, Dujardin, jusqu'au dernier, Reynaldo Hahn, qui fut son exécuteur testamentaire. Outre les écrivains et les peintres, le cercle de ses familiers comprenait à la fois d'anciennes relations lorraines (Mlles Labonté, Mmes Godfrin, Lebrun, Landowers), des chanteuses et actrices (Hortense Schneider, Marie Magnier, Mme Gravier, Zélie Hadamard, Amélie Diéterle, Marthe Duvivier), le cercle de Manet (Dupray, Mme Virot, Antonin Proust, Dr Siredey) et des médecins parisiens (les Dr Fournier père et fils, Robin, Portalier, Baraduc, Hugenschmidt). Elle mourut en novembre 1900, trois ans après le Dr Evans et deux ans après Mallarmé.

INDEX DES INCIPIT

Les chiffres renvoient aux pages.
L'astérisque signale les vers apocryphes de l'appendice III.

INDEX DES NOMS

Les chiffres renvoient aux pages.
Les chiffres entre parenthèses renvoient à des destinataires dont les noms n'apparaissent pas dans le texte.

Appendices

DOSSIER

VERS DE CIRCONSTANCE

DU MÊME AUTEUR

dans la même collection

POÉSIES. *Préface d'Yves Bonnefoy. Édition de Bertrand Marchal.*

IGITUR, DIVAGATIONS, UN COUP DE DÉS. *Préface d'Yves Bonnefoy.*

Ce volume,
le deux cent quatre-vingt-seizième
de la collection Poésie,
a été composé par Interligne et
achevé d'imprimer par
l'imprimerie Bussière à Saint-Amand (Cher),
le 4 janvier 1996.
Dépôt légal : janvier 1996.
Numéro d'imprimeur : 122.
ISBN 2-07-032906-2. / Imprimé en France.